中国文化小通史 隋唐五代

王春瑜 主编
贡久谅 著

海峡出版发行集团
福建人民出版社

图书在版编目（CIP）数据

中国文化小通史．隋唐五代 / 贡久谅著．--2 版．--福州：福建人民出版社，2020.10（2024.4 重印）

ISBN 978-7-211-08261-2

Ⅰ.①中…　Ⅱ.①贡…　Ⅲ.①文化史－中国－隋唐时代－通俗读物　Ⅳ.①K203－49

中国版本图书馆 CIP 数据核字（2019）第 287520 号

中国文化小通史·隋唐五代

ZHONGGUO WENHUA XIAOTONGSHI · SUITANG WUDAI

主　　编：王春瑜
作　　者：贡久谅
责任编辑：陈斯敏
出版发行：福建人民出版社　　**电　　话：**0591-87533169(发行部)
地　　址：福州市东水路 76 号　　**邮　　编：**350001
网　　址：http://www.fjpph.com
电子邮箱：fjpph7211@126.com
经　　销：福建新华发行（集团）有限责任公司
印　　刷：福州德安彩色印刷有限公司
地　　址：福州市金山浦上工业区 B 区 42 幢
开　　本：787 毫米×1092 毫米　1/32
字　　数：110 千字
印　　张：6
版　　次：2020 年 10 月第 2 版　2024 年 4 月第 2 次印刷
书　　号：ISBN 978-7-211-08261-2
定　　价：20.00 元

目 录

第一章　农　耕

隋唐期间就总体而言的国家统一，为农业生产的发展提供了相对和平的环境。隋与唐初期所实行的土地政策，检括人口，减轻徭役等措施，也在客观上为农业生产的兴盛创造了一定的社会条件。隋唐统治者还鼓励垦殖，把增加人口、发展农业生产作为考核地方官吏，并进行奖惩的标准。这一切都对农业生产的恢复发展起到积极的作用。

一、农业制度

经济制度对农业生产影响很大，我国古代每次农业生产高潮的出现，都是与社会经济制度的变革或调整分不开的。由北魏开始的均田制在隋唐时代继续实行，封建地主制获得了典型的形态。农业生产出现又一次高潮。与租佃制相伴随的我国封建经济的另一个历史性变化，是全国经济重心从黄河流域转移到长江以南地区。

1. 隋朝农业的发展

隋政权为巩固统治，采取减轻赋税、徭役和刑罚等措施，以缓和阶级矛盾；为加强中央集权和直接控制更多的农民，又进行了清查户口和搜括隐户等工作。隋朝农业发展的主要表现，是农业人口的激增、垦田面积的扩大和国家粮仓的丰实。

大索貌阅。由于战乱相继，人口锐减；再加上豪门世族将民户作为私属，夺取了朝廷的大量户口。583 年，隋文帝令州、县官吏按照户籍簿上登记的年龄与本人的体貌核对，检查是否有人谎说“小”或“老”以逃避课役。如查出户口不实，保长、里正、党正都要发配远方。又鼓励百姓互相检举，规定亲属关系在堂兄弟以下的，一律分居，各自立户，以杜绝日后再发生户口不实的情况。这次清查出了四万多壮丁和一百六十多万遗漏的户口。此后经常进行貌阅，不断清查出新的人口。如隋炀帝大业五年（609 年）的一次大规模清查，又清出了 24.3 万丁，新编入户籍的有 64.1 万人。

输籍之法。在大索貌阅的同时，隋文帝还下令由中央确定划分户等的标准，颁布到各州县，每年一月五日，由县令派人到乡村去，以三百家到五百家为一团，按中央确定的标准划分户等，写成定簿。这一定簿是军事的调发、徭役、差役的征用，附加税的收取和授田的先后等的根据。实行此法后，官吏必须按中央颁布的固定标准划分户等，不能再受贿卖人情而上下其手。而最重要的是那些受世族豪强地主控制的农民，深感向国家交纳赋税比受豪强的剥削要轻松得多，自然乐为王朝臣民而挣脱豪强的“庇荫”。于是，许多世族豪门地主所控制的农民和大量逃亡的农民编入户籍。世族地主因此失去了大量劳动力，经济实力大为削弱；而国家赋税收入激增，府库很快就聚敛到巨额的财富。

经过以上两项措施，逃亡农民的回归与荫户的摆脱豪强，使开皇九年（589年）隋王朝控制的户口迅速由隋初的四五百万户增加到七百万户左右。广大地区的农民都热衷于农副业生产。到大业二年（606年）全国户数为九百万。隋代全国垦田约有一千万顷，接近此前历史最高水平。

*隋朝的均田制和租调徭役。*隋朝实行的均田制度仍沿袭旧制，显然对官僚地主有利。首先是官僚地主受田比农民多，官位越高受田越多。奴隶受田虽有限制，但官僚地主仍可利用奴隶占有大量土地，而农民却连应受的田也受不足，有些狭乡的农民，每丁仅分得二十亩。均田制不是将所有土地都拿来分配，而是在不触动地主土地私有制的前提下推行的。也就是说，均田制是将政府所能支配的土地与一些无主荒地分配给农民耕种，使他们固定在土地上，以利于封建政府的剥削。但另一方面，实行均田制，

农民还是得到了一些土地，地主的土地兼并也多少受到一些限制，这就有利于提高农民的生产积极性和扩大耕地面积。开皇三年（583 年），又令：二十一岁成丁（原为十八岁，以后又提到二十二岁），每年服役二十天，调绢两丈。而且可以用缴纳丝织品来代替服徭役（一般三尺绢顶一日役，当日术语叫“庸”）。但是原先十八岁受田的规定不变，所以农民在受田以后，可以有三至四年时间不负担租调和徭役。开皇十年（590 年），又规定丁年五十，免役收庸。纳庸代役的规定和租调徭役的减轻，有利于稳定农业生产。

广设仓窖。隋代仓库之丰盈，素为后来封建史家所羡称。到隋文帝末年，“天下储积得供五六十年”。隋粮仓有官仓和义仓两种。义仓是政府设置的民间公共粮仓，又称“社仓”。每年秋天，各家按贫富分等级出粮四斗到一石，贮于义仓，存粮的目的是为防备荒年。官仓是为供应官府所需，炀帝大业初年，置洛口仓于巩县东南的平原上，仓城周围二十余里，穿三千窖，每窖可容八千石。此外，黎阳仓（河南浚县黎阳镇）及永丰仓（陕西华阴）等，所积亦甚丰富。这些仓储存的米粟，多的达千万石，少的也有数百万石。隋代官仓的丰实情况，反映了当时农业生产的发展和对人民搜刮的残酷程度。隋朝建立后十二年，就已“库藏皆满”。长安、洛阳和太原府库所储存的布帛，也各有几千万匹。再加上全国各地的储积，可以供应全国支用五六十年，以致唐朝建立二十年后，隋朝所留库藏尚未用尽。

2. 唐初农业生产的恢复

由于隋末战乱，唐初人口稀少。唐高祖武德晚年，全国人口按户籍上的数字不足三百万，还不到隋鼎盛时期的三分之一。黄河下游地区，人行千里，不见人烟，难闻鸡鸣狗吠之声。面对户口少、荒地多的现实，唐王朝在隋朝的基础上继续推行均田制度和各项减轻人民负担的农业政策，使得农业生产得到了相当程度的恢复。

均田令。丁男和十八岁以上的中男给永业田二十亩，口分田八十亩；老男、残疾人和患有严重疾病的人给口分田四十亩；守寡的妻妾各给口分田三十亩。受田足的地方叫“宽乡”，不足的叫“狭乡”，狭乡的口分田减半给授，并允许在宽乡遥受田地。永业田传与子孙，不再收回；只有在家人死后，因无力埋葬，才准许出卖永业田。如果迁往宽乡，还可出卖口分田，但买的田地不能超过应受田限额。

有爵位的贵族和五品以上的官员，可按品级高低受永业田五顷至一百顷；因战功受勋的人，可按勋级高下受勋田六十亩至三十顷。在职官员按照中央和地方、官品和职务性质的不同，有八十亩至十二顷的职分田，以其地租充作俸禄的一部分。离职时，要把职分田移交给下一任的官员。中央和地方各官署还有多少不等的公廨田，其地租充办公费用。

唐田令取消了奴婢、私兵和耕牛的受田，禁止在狭乡占田过限，这反映了均田农民（基本上是自耕农）和中小地主的经济在唐初占据了优势。在隋末农民战争中，很多地主死亡逃散。他们的田地，有的转入农民手中，有的成为国家控制的荒田。唐田令既不否认农民的占有，也使那些无地和少地的农民可以依令向国家请受荒田，进行耕种。因此均田制的实行，对于唐初农业生产的恢复和发展，起了积极的推动作用。

租庸调法。唐法规定每丁每年需缴纳租粟二石，缴纳绢二丈，绵三两。不产丝绵的地方，则纳布二丈五尺，麻三斤。每丁每年服徭役二十日，逢闰月加两日；如无徭役，则纳绢或布代替，每天折合绢三尺或布三尺七寸五分，称为“庸”。若额外加役十五天免调，三十天则租调全免。额外加役每年不得超过三十天。役期最高限度的规定和以庸代役的办法，非常有利于农业生产。在大量自耕农存在的条件下，按丁征收同样数额的税制，是唐前期的主要税制，租庸调也是这一时期的主要税源。

广营屯田。西域屯田。唐朝在西域的屯田始于 630 年，截至 791 年，历时一百六十一年。以军屯为主，在十一个屯田区中，有七个是西域战略要地。东起巴里坤，西至楚河畔，南到昆仑山，北至准噶尔，屯田遍及天山南北。唐代设置支度营田使专管西域屯田，西域屯田出现繁荣局面。

唐朝开发西域地区有以下特点：一是建立了十分完善的军政管理机构。官有定员，职有专任。二是着眼于综合开发，使各方面建设相辅相成。因地制宜，既推行屯田制，又在东疆地区引进内地的均田制和租庸调制，对招募的屯民则实行租佃制和分成制。军事上推行兵农合一的府兵制，使驻军很好地担负起屯垦戍边的双重职责。三是尊重各民族的权益，不搞民族歧视。在各少数民族拥护中央政府、维护国家统一的前提下，按照各民族的活动范围划分行政区域，任命其本民族的首领管理其内部事务，各少数民族不必向中央政府缴赋税。正是以上这些措施和政策，使西域地区的开发在唐代形成了第二次高潮。

内地置屯。唐代在“安史之乱”后，北方战乱频仍，藩镇割据，经济凋敝。官府为解决紧迫的军需民食，乃号召各地屯田。屯田采用军事管理办法，各屯设都知总负责，系统严密、体制统一、管理严格、政策得宜（征宽税薄）。内地置屯，是因大乱之后，百姓逃亡、土地抛荒，政府若不资助，百姓两手空空，既没有生产工具，又没有种粮和口粮；加上治安不好，剽掠随时存在，只有屯聚在一起，才能自卫。于是屯田成了当时恢复生产的最好办法。然而农民习惯于私有；而屯官多系武人，若长期掌权，必会虐待下属，所以当屯田取得成效后，就应该将所垦熟的田地和百姓交给民政部门管辖，而罢除屯官。《洛阳缙绅旧闻记》中记载了一则相当典型的事例：张全义一到洛阳，就选了十八个屯将，每人给旗一口，榜（告示）一道，于河南府旧属十八县中，招徕农户令自耕种。流亡农民逐渐回归。又选十八人为屯副，主管安抚才回来的百姓和社会治安。除杀人者要处死外，其余罪过只打板子而已。既无重刑，又无租税，流亡农户回归渐渐众多。继而更选十八名书记为屯判官，加强管理。不到一两年，十八屯申报每屯农户达到数千。农闲时，选壮丁，发给弓、矢、枪、剑，并教以使用之法。一两年后，每屯增加农户，多的六七千，中等的四千，最少的屯也有两三千。而能熟练使用弓、矢、枪、剑等武器的壮丁有两万多人。若有盗贼，即时捕捉。刑宽事简，远近归依的农户如赶集市，五年内，就成了有名的富庶区域。于是，张全义建议中央委派县令、主簿前来十八县进行民政治理。张全义治理屯田之妙，全在制度宽松，并教导农户学会自卫；这个任务的完成，非屯官莫属。然而不超过五年，又罢除屯官，还农户、良田于县；更说明张全义不但能治理好屯田，而且深深了解屯田只能是临时性恢复农耕的措施，而不是长治久安的办法。

熟悉军事而又勤于农耕的武将尚有成汭、韩建及周知裕等一批代表人物，他们都能在大战之后，安抚收集衰残农户，勤奋农耕，恢复一方平安。

畜牧业的发展。唐代以国营养马业为基干的大型畜牧业达到极盛，由于军事上的需要，养马仍然是国家的要政之一。唐初，得突厥马两千匹，又于京师东面赤岸泽得隋马三千，全部迁徙到陇右之地，置监牧以掌其事，由此开始有了监牧之制。监牧制中有一整套的官僚机构，一度对养马业的发展起到积极的作用。

在唐代养马业中起积极作用的还有相马术的发展和马籍制度的完善。相马的目的在于区别马种的优劣和马龄的大小。唐代以登记马种优劣为主要内容的马籍制度更加完备，与之相配合的还有马印制度。通过马籍马印制度把马的优劣区别开来，为马匹的良种繁育提供了有利的条件。为了繁育良马，隋唐时期还从大宛、康居、波斯等国引进马种。这些外来马种的引进，对中原马种的改良起了积极作用。《新唐书·兵志》指出："既杂胡种，马乃益壮"，表明当时对不同品种之间马匹进行杂交而产生的杂种优势，已有所认识。

唐代还订立了家畜饲料定额标准，这一标准既考虑到了不同的家畜，还考虑到了家畜的齿龄。为了保证冬季的饲料供应，还建立了家畜饲料基地。唐代还利用水草、浮萍、水藻等水生植物养猪。养羊和养牛也受到重视，培育出著名的羊种苦泉羊，这种羊皮毛细柔、羔皮洁白，有硕大的尾脂。

隋唐同时创立了完备的兽医教育体系。唐王朝在中央政府和监苑牧场中分别设有行政的畜牧兽医官员和专职兽医师，太仆寺内就有专职兽医六百人，尚乘局内有兽医七十人。又据《隋书·百官志》记载："太仆寺又有兽医博士员一百二十人。"《旧唐书·职官三》说太仆寺设"兽医博士四人，学生一百人"，这是世界上最早的兽医学院。

3. 唐中后期农业的演变

土地兼并。唐初在生产发达、地狭人稠的地区，一个六口之家的自耕农户，平均占田六七十亩。而平均亩产约为五斗到一石，除去赋税、口粮、种子和其他生产费用，所剩无几。因此自耕农的经济地位并不稳定，贫富分化很快。

到了唐朝中后期，由于土地买卖管理日益松弛，加上官吏普遍受田，助长了大土地私有制的发展。唐时法令允许在特定条件下，连口分田也可买卖，这无疑又给兼并者开了绿灯。他们还通过借荒、置牧、包佃等办法向国家攫取公田。公田越来越少，均田自然难以为继。被兼并了土地的农民，变为大地主的私属或客户，自耕农与日俱减。均田制破坏的过程，就是庄园经济发展的过程，也是农民的耕地被掠夺、兼并及因而逃亡或依附的过程。

玄宗后期边疆吃紧，赋税兵役加重。为了应付巨大的军费开支，苛捐杂税的名目共有数百种。地主、有钱人通过贿赂，假充有了官勋或做了和尚等来逃避课役。这样，一切赋役就都落在为数不多的贫苦农民身上。官僚贵族和地主阶级为扩大剥削，醉心于兼并土地。有的被人戏称为“地癖”，甚至有的连皇帝都叫他“多田翁”。土地兼并之严重，连唐玄宗也在诏书中写道：王公百官及富豪之家到处设置田庄，随心所欲地吞并农民的土地，根本不把政府的有关规定放在眼里。

大量农民背井离乡，四处逃亡。有的遁入山林辟地营种；有的转入城市从事工商；更多的则转成为被地主隐匿起来的佃户或佣保。半自耕农和佃户在总人口中所占比例越来越大，唐王朝赖以强盛的均田制，已濒于崩溃的边缘。

两税法。地税和户税在太宗时期就已开始征收，但户税没有制度化；武则天当政时期已定型，但数目不大。地税起初称义仓税，开元时按亩征收，改名地税。它们一开始在国家财政收入中都不重要。

由于土地日益集中，贫富悬殊和户口转徙日甚一日，原来按丁口征收租庸调的办法，越来越不适用了。为了调整租税负担，减少农民逃亡，增加财政收入，唐玄宗下决心改革税制。开元中叶把地税改为亩收二升，宽乡根据实际垦田数，狭乡则根据户籍簿上登记的田亩征收。户税也固定下来，三年一大税，一年一小税，税款用来供应传驿和邮递的需要。天宝年间，每年地税约得一千二百四十余万石，约占国库粟米收入的一半；户税约二百万贯，经折算相当于国库绢布收入的三分之一。地税、户税在财政收入中份额的增加，成为向两税法过渡的先声。

庄园经济的发展。庄园的名称很多，诸如庄、庄田、庄墅、别墅、别业等。庄园经济在南北朝就相当发达，但它的生产主力是奴僮和私兵，而唐代主要是客户与庄客。唐代的庄园，大致分为皇庄、官庄、私庄和寺院庄园等。

皇庄。是皇帝私人的庄园，土地多来自籍没犯罪者的土地，设有内庄宅使、内园使或内宫苑使来管理。皇庄占地不少，而且特别肥美。大历年间（766—779）地方上的皇庄，收租一万四千余斛。皇庄的经营除出租外，有的使用官奴婢耕作，有的雇工耕作。

官庄。是政府庄园，在司农寺和工部屯田郎中下，掌管着许多屯田、职田和公廨田。这些土地在安史之乱后，多成立庄园，设庄宅使等管理，大都是租给佃户耕种。官庄租税苛重，政府强迫农民租佃，故官庄佃户逃亡的也不少。此后皇权通过皇庄、官庄和豪强地主的私庄互相争夺土地和劳动力。

私庄。是贵族、官僚、地主和商人等私有的庄园。私庄很普遍，一般地主大都有庄园。庄园不大的，庄主自己管理；大庄园则往往设置庄吏或别墅吏来管理。庄园田地由庄客、庄户、佃户耕种，他们都是被掠夺了土地的农民，投附庄园主而来的，他们在庄园主的隐占下，可免去国家的差徭杂役，所以逃亡农民多依附于私庄，尽管剥削也很重。

寺院庄园。是僧侣地主所有的庄园，所占田地也很多。寺院庄园有属于僧侣个人的，则和世俗地主的私庄一样；有属于寺院的，通称为常住庄田。少林寺的柏谷庄，占地四十顷。寺院设知庄或知墅的职事僧，管理庄田。田地或由奴婢耕种，或租与佃户耕种。

安史之乱以后，社会两极分化更为迅速；富人占地数万亩，穷人无立足之处，许多节度使和属下官吏都是大庄园主。庄园这种大土地私有形式，代替了均田制，成为唐代后期土地占有的主要形态。

唐末五代农业重心的转移。安史之乱以后，北方人民大量南移，促进了南方农业生产的迅速发展。安史之乱前，南粮北调的局面就已形成，时称“北运”。安史之乱后，北方最重要的农业区河北、河南两道大部分地区处于分裂割据与半割据状态，战祸连绵，生产遭到严重破坏。当时朝廷所能有效控制的地区，主要为关中、淮南、江南东西、剑南、山南、岭南等道，而在这些地区中，只有江南东西道、剑南道等地区比较富庶，因而南方开始成为赋税的主要来源。贞元八年（792年）权德舆建言：“江、淮田一善熟，则旁资数道，故天下大计，仰于东南。”湖南、江西诸州，也“出米至多，丰熟之时，价亦极贱”。湖南的“潭、衡、桂阳必多积谷，关辅汲汲，只缘兵粮。漕引潇、湘、洞庭，万里几日？沦波挂席，西指长安。三秦之人，待此而饱；六军之众，待此而强”。难怪当时就有“赋出于天下，江南居十九”的说法。到了唐末五代之后，南方农业生产已稳定地超过北方。这一发展态势在农田水利的兴修上也得到了反映。

二、水利设施

隋唐五代时期农田水利的发展大致经历了两个阶段。先是中唐以前，北方水利的复兴；其次是中唐之后，南方水利的持续发展。这一时期水利灌溉工程南北各地均有所发展，但建设的重头在南方，而南方又以小型水利工程为主。值得一提的是，唐代已有比较完备的水利设施，远胜前代。而且中央政府设专官集中管理，统一计划，全面掌握天下川渎、陂池之政令，以导沟洫、堰决、河渠整个灌溉系统，规定按时启闭斗门，有余才得请用，凡用水自下始。到灌溉田亩时，命令节约用水，平均灌溉。于是过去在高处蓄水，一遇雨水泛滥成灾，各自修建堤渠，以邻为壑的现象得到根本改变，南方火耕水耨的落后耕作方法也就被彻底淘汰了。北方亦因水利事业的发展得到灌溉之利。在太湖流域，五代以后形成了治水与治田相结合的塘浦圩田系统。珠江三角洲也获得了开发。

隋大运河的开凿。为了漕运和军运，隋炀帝利用天然河流和旧有渠道，开凿了一条以洛阳为中心、沟通南北的大运河。运河工程分四段进行。大业元年（605 年），征发河南、淮北一百多万人开通济渠，由洛阳通到淮水。同年，又征发淮南十几万人开邗沟，从山阳（今江苏淮安）到扬子（今江苏扬州南）入江。渠宽四十步，渠旁筑御道，御道两边栽种柳树。大业四年（608 年），征发河北一百多万人开永济渠，引沁水南达黄河、北通涿郡（今北京）。大业六年（610 年），开江南河，从京口到余杭（今浙江杭州）。于是，大运河全部竣工。它南起余杭，北达涿郡，连接海河、黄河、淮河、长江、浙江五大水系，在我国自西向东的天然河道间，直穿了一条贯通南北的人工渠道，全长达四五千里，是世界上的伟大工程之一。

北方水利的恢复和改造。中国北方的农田水利建设自西汉达到高潮之后，开始走向衰落。然而，中唐以前，北方的农田水利又进入到了一个复兴时期，水利建设遍及黄河流域及西北各地，西汉时期的水利工程几乎全部恢复，并修建了一些新的灌区。最突出的是引黄灌溉的成功和关中水利的恢复。隋唐之间，关中复为京畿之地，朝廷对于关中水利颇为关心，如隋开皇元年（581 年）都官尚书元晖奏请引杜阳水灌三趾（畤）原，由李询主持。工程完成之后“溉舄卤之地数千顷，民赖其利”。唐立足关中之后，“凡京畿之内，渠堰陂池之坏决，则下于所由（有关地方官），而后修之”，并设专官，主持关中水利的修治与管理。

唐代关中的水利建设主要表现在对原有水利工程的恢复和改造。如唐代在原西汉所开的成国渠渠口修了六个水门，称为“六门堰”，又增加了苇川、莫谷、香谷、武安等四大水源，灌溉面积扩大到两万余顷。又重修曹魏时期所开的汧水渠，改称为“升原渠”。升原渠引汧水经虢镇西北周原东南流，又合武亭水入六门堰；在六门堰东，汇入成国渠（东段）。因为引水上了周原，故名“升原渠”。唐朝又在原秦汉时的郑白渠基础上开通了太白、中白和南白三大支流，称为“三白渠”，还在泾水兴建拦河大堰，由料石砌筑而成，长宽各有百步，称为“将军翣”。唐代关中的农田水利，虽然都是在前代基础上进行的恢复和改建，但渠系较前更密，这些工程大大提高了原有水利工程的灌溉能力。

引洛引黄灌溉工程的成功。洛水下游原本是一处古灌区。但自从北周重开首渠之后，长期没有水利建设的记载，致使朝邑一带不少地方重新成为斥卤之地。唐开元七年（719年），在同州刺史姜师度主持下，重建引洛灌区，于“朝邑、河西二县，阏河以灌通灵陂，收弃地二千顷为上田，置十余屯”。同时通过开凿田间沟洫，引水泡田，种稻洗碱，使大片盐碱洼地成“原田弥望，畎浍连属”的膏腴稻田。此外，唐代还在朝邑东北大规模引黄灌溉，也取得了成功。

南方水利项目的大兴。中唐以后，北方战乱，水利建设停滞并进而衰退。从天宝十四年（755 年）以后的二十多年中，黄河流域几乎没有兴修新的水利工程，而且一些原有的水利工程的灌溉能力也在下降。而与此同时，南方水利却得到发展，其中意义最为重大的是太湖流域塘埔圩田系统的形成。中唐以后，太湖地区广兴屯田，大搞农田水利基本建设，形成了“畎距于沟，沟达于川，……浩浩其流。乃与湖连，上则有涂（途），中亦有船”的沟渠路系统。“旱则溉之，水则泄焉，曰雨曰霁，以沟为天”，基本上达到了水旱无忧、旱涝保收的目的，使得太湖地区在全国的粮食供应中都占据举足轻重的地位。

塘浦圩田系统就是在屯田的基础上形成的。它的特点是在低洼区筑堤做圩，防洪排水，在高昂处深浚塘浦，引水灌溉，成为以出海干河为纲，隔五里、七里而为一纵浦，又七里、十里而为一横塘的纵横交错的水网。网上的每个节点，即所有干河、支渠、海口以及圩堤之间，都普遍设置了堰闸、斗门，调节水位和流量，以达到旱灌涝泄的目的。浦和塘的堤岸就形成圩田的堤岸，高出最高水位，足以保护低田不被淹没。渠身深阔，渠口设闸，看需要而启闭，洪水时足以分洪泄水入江、入海，干旱时足以担负高田的灌溉。

五代十国的水利。五代时期，南方各国都重视水利灌溉，注意改土治水，提高抗御自然灾害的能力，使农业得到迅速的发展。他们针对江南多河流、湖泊的情况，大量修筑堤堰的闸门，控制水流，“旱则运水种田，涝则引水出田”。

吴越政权在各州都设置都水营田使和撩湖兵、营田军，“专为田事，导河筑堤，以减水患”。从嘉兴、松江海滨到太仓、常熟、江阴、武进，每一条河浦都造堰闸，蓄泻有时，以抗旱涝。又在武义筑长安堰，溉田万余顷，在越州鉴湖周围五十八里筑堤，可溉田九千余顷。

吴和南唐在丹阳疏浚练湖，在句容疏浚绛岩湖，在楚州筑白水塘，在寿州筑安丰塘，少者溉田数千余顷，多者溉田达万顷以上。闽国在长乐县筑海堤，以御海潮，堤内土地皆成良田；在连江县东湖周围筑堤二十里，可溉田四万余顷。后蜀在褒中（今陕西汉中褒城镇）“凿大洫，以导泉源，溉田数千顷”。

特别是南唐与吴越在境内修建了圩田，在生产上发挥了很大的积极作用。当时，劳动人民利用水乡河身较高、田面较低的地势，在河渠两岸、农田周围筑成堤坝，内以围田，外以隔水。每座圩田方圆几十里，如同大城。沿堤建水闸，控制水势，旱则开闸引水溉田，涝则闭闸拒水，在很大程度上加强了抗御自然灾害的能力，使农业收成获得一定的保证。圩田是古代江南劳动人民与自然做斗争的重要创造，也是农业发展史上的一大成就。吴越继承唐代水利建设的丰硕成果，创设“撩浅军”，着力于太湖塘浦圩田的养护管理，保证了以吴淞江为纲，东北、东南通江出海河港为两翼的排水出路的畅通，使塘浦圩田得以发展，有效地减轻了水旱灾害，促进了农业生产的发展。

三、农业生产工具的改进

1. 耕作工具的发展

江东犁。是唐朝江东主要的农业生产工具，根据出土唐犁与陆龟蒙《耒耜经》的描述，江东犁由十一个部件组成。铁制部分有犁镵（铧）和犁壁，木制部分有犁底、压镵、策额、犁箭、犁辕、犁梢、犁评、犁建、犁盘等。具体形制和功用如下：铧底长四尺宽四寸，壁底长一尺，宽一尺，微椭。比南北朝的犁小一半，六朝铧呈半椭圆形，前面较浅短；唐铧有突起的中分破土的三角锋棱，这样破起土来深而速，用起来也比较轻巧。孙常叙在《耒耜的起源及其发展》中说：唐犁的“特点是铧底的平面飞出，形成两片单翼，空窍相对地向里缩小，因而凸面窍板向里移动，凸出更大的棱角。平面和凸面之间对构成三角锥形地空壳。通体形成一个二等边的锐三角形，构成近代犁铧的基本形式”。总之，江东犁和先前的犁相比，具有以下三方面的特点：第一，曲辕和犁盘的出现，淘汰了犁衡（肩轭），缩短了犁辕，减轻了犁架的重量，克服了直辕犁“回转相妨”的缺点，操作起来更为灵活自如，尤其便于转弯，这对于“其田高下阔狭不等”的“南方水田”来说，是最为适用的。第二，犁评和犁梢的出现，使得入土的深浅、起土的宽窄更加随心所欲。先前的犁并没有犁评这一结构，而犁梢与犁底是连成一体的。第三，江东犁不仅出现了专门用以控制耕地深浅的犁评，而且有了犁梢和犁底的分工。犁底修长，便于耕作时保持平稳，做到深浅一致；犁梢则通过人手的上下左右操作，来控制耕地的深浅和耕垡的宽窄。这三个方面的特点较好地适应了南方水田耕作的需要。尽管它在某些方面还有待于进一步完善，但中国传统步犁至此已基本定型。

*耙、砺礋和碌碡。*江东犁等农具的出现，标志着传统的南方水田耕作技术体系的初步形成。毋庸置疑，在这个体系中，耕是最重要的。陆龟蒙在《象耕鸟耘辨》一文中，根据自己对传说中象耕鸟耘的理解，结合当时南方水田生产的实际，提出“耕如象行”，即要求耕田必须像大象行走一样“既端且深”。深，即深耕；端，则是要求平直，这可能是针对水田生产的实际所提出来的，因为水田耕作多在水面以下，耕作的过程中，如果失于平直，往往会出现漏耕现象，而这漏耕的部分他日势必影响到部分植株的正常生长。耕之后再进行爬。爬，即耙，作用在于“散垡去芟”，即破碎土块，清除杂草和作物残茬。但是耙往往只能消灭浅层中的土块，深层中的土块还需要通过碾打才能破碎，唐代时江东地区使用的碾打工具是砺礋和碌

碡。碌碡原本是北方旱地农具，隋唐以后这种农具移植到了南方，并针对南方水田土壤较黏重和阻力大的特点，对碌碡进行了改造，改造后的碌碡采用木制，又在木制碌碡上加上列齿，成为砺礋，成为水田专用农具，可以起到“破块滓，溷泥涂”的作用，最终达到平整田面和提高效率的要求。

耖。疏通田泥的工具，独用于水田。高三尺多，宽四尺。上有横柄，下有列齿，其齿比耙齿长一倍而且密一些。人以两手按之，前用畜力挽行。作用在疏通和平整泥块。

镰刀。是收割工具，改变了前代前窄后宽的形制，而成为两头窄、中间宽，更便于收割。

2. 灌溉工具的改进

翻车（即龙骨水车）。隋唐时期所用灌溉工具，除戽斗、桔槔、辘轳等继续使用外，还比较广泛地使用了水车。东汉毕岚发明、三国马钧改进的翻车虽然是在北方发芽，却在南方开花结果。隋唐时期，南方稻区，水车已得到了比较普遍的使用，《元和郡县图志》之江南道蕲春县条下有“翻车水”“翻车城”，以翻车为名，就是当时使用情况的反映。不仅如此，南方水车的使用还反馈到了北方，唐文宗大和二年（828 年），宫内出水车样并征发江南水车匠造水车散发给郑白渠沿岸百姓，用来灌溉水田。

唐朝的水车还传到了日本，从日本方面的材料来看，当时中国龙骨水车已比较普遍，且已有手转、足踏、牛转等多种形式。

筒车。长江流域出现了水轮四周捆缚竹筒、利用水流推动水轮转动竹筒就能将低处的水提灌高处的水车，它不用人力，昼夜不息。唐人陈廷章的《水轮赋》中对筒车有生动具体的描述。根据他的描述，水轮是把木制的轮子架设在流水之上，利用水流冲击的力量使木轮转动，这样就可以引水上升，进行灌溉。它实际上可能和王祯《农书》中所记载的水转筒车相同。说明唐代筒车已用于农田灌溉。

机汲。唐代还出现了一种半机械的灌水装置“机汲”。据刘禹锡《机汲记》的记载，机汲由畚（竹子做成的水桶）、臬（木桩）、絙（绳子做的索道）、绠（长绳）以及铁铸的滑轮等组成。有人认为，机汲就是高转筒车；但也有认为机汲是一种利用架空索道的辘轳汲水的机械。起承载作用的架空索道，是由置辘轳处一直延伸到水中的树木桩臬顶端。索道上挂一滑轮。作为起牵引作用的系水桶的长绳，缠绕于辘轳的圆轴之上。下放水桶时，由于架空索道向下倾斜度很大，具有一定重量的水桶便能牵引滑轮向下滚动。滑轮停止滚动，水桶就能垂直入水，水桶汲满后可摇动辘轳，通过长绳把水桶提至所需要的地点。这种辘轳汲水机械是辘轳汲水方法的重大发展。它表明，至迟唐代曲柄辘轳已经出现了。同时，它又利用架空索道和滑轮的帮助，把上下垂直运动改为大跨度的斜向运动，以利于江河两岸农田灌溉的发展。

3. 粮食加工工具的改进

在水碓的基础上，创造了水碾，称为“碾硙”，它是利用水力磨面的工具。碾硙获利颇丰，所以富商大贾、王公权贵都争逐碾硙之利。如宦官高力士于京城西北，载沣水做碾，五只水轮同时转动，每天破麦三百斛。可见制造水碾的技术已经达到相当高的水平。

四、经济作物的日益增加

1. 种茶

唐代是我国茶叶生产大发展的重要历史时期。茶的商品化在当时农产品中是很具典型的。税茶、榷茶、贡茶、茶马市等制度都创始于唐，以致中唐时因藩镇截留税赋而造成的中央政府财政危机，都因有茶税得以缓解。

唐代社会和外贸对茶叶的需求。唐代对各种思想、各族文化采取了兼容并蓄的方针。儒、释、道都比较发达，它们一致赏识茶性高洁清雅，赞茶为瑞草魁、琼蕊浆，认为品茗有助于修身养性、陶冶情操、增添乐趣，甚至羽化成仙，因而喝茶成风。文人墨客原本嗜酒，所谓李白斗酒诗百篇。但因酒价日益昂贵，如肃宗乾元元年（758年），一斗酒价约三百文，可买六斤茶叶，于是嗜酒者转向饮茶。文人墨客大兴以茶代酒之风，把初唐盛行的酒宴，革新为俭朴典雅的茶宴、茶会，形成了一种新的社会风气，在各阶层中广为流传，茶的社会销售量日益增大。再加上边疆的需求（文成公主陪嫁物中就有茶叶）和对外贸易（以日本、新罗、印度为主要买方）的发达，更刺激了茶叶生产。

广阔的产茶区域。除了陆羽《茶经》所述唐代茶叶产区为：山南、淮南、浙西、剑南、浙东、黔中、江南、岭南八道四十三州（它们遍及现在的江苏、浙江、安徽、江西、福建、广东、广西、湖南、湖北、陕西、河南、贵州、四川等十三省）外，还有扬州、昇州（今属江苏）等二十四州和原产地云南等。

茶的种类及名茶。茶的种类有粗茶、散茶、末茶、饼茶四种。而以饼茶为主。由于茶叶的普遍，名茶随之而生。如湖州顾渚的紫笋、福州方山的生芽、夔州的香山、江陵的南木、常州义兴的紫笋、婺州的东白、睦州的鸠坑、寿州霍山的黄芽和蕲州蕲门的团黄等。

顾渚贡茶院。代宗大历年间，朝廷择定水陆交通便捷、茶叶品质上乘且产量集中、地处江苏宜兴与浙江湖州接壤的顾渚茶区，建立了我国历史上第一座官焙茶园。宜兴原产阳羡茶，陆羽推荐为贡品；湖州产紫笋茶，同列贡品。建官焙后，两地所产的茶统称为“紫笋茶”。贡茶院规模宏大，人员众多，职责分明，管理严密。有制茶房屋三十余间，还建有仓库。采、制茶多达三万余人。

茶产量及其种植的区域化、专业化、商品化。唐代茶叶产量史无记载。但根据税额、传记、野史等资料推测年产约为八十万担，还有贡茶、私茶、礼品茶等未包括在内。至于种茶的区域化如安徽祁门县有农户五千四百多，县境虽不小，但山多田少，而水质清美、土地肥沃。农户百分之七八十种茶，衣食赋役全靠卖茶所得，所以满山遍野都是茶树，没有一点空地。四川蒙顶茶区年产茶千万斤。泸州（今属四川）所管五县百姓都以种茶为业。

五代时闽、吴越、吴和南唐、楚、前后蜀，都大量生产茶叶，而福建建州一带已成种茶区，农户都是专业种茶户，茶叶为商品。

2. 栽桑

因国内外对丝织品的大量需求，饲蚕种桑成为急务以致采用野蚕。如唐高祖时，梁州（今陕西汉中）野蚕成茧，百姓采用野蚕茧。唐太宗时，滁（今安徽滁县）、楚（今江苏淮安）、濠（今安徽凤阳）、庐（今安徽合肥）等州都采用野蚕茧。唐玄宗时，益州（今四川成都）献三熟蚕。唐代宗时，太原民韩景晖养冬蚕成茧。因蚕桑对国计民生的重大影响，皇帝也为此屡下诏令。如元和七年（812 年）宪宗命全国州府民户，每亩田种桑二株，地方官按年检查核计上报。会昌二年（842 年）武宗下令鼓励农民种桑树，官吏勤加督促和查核。为增加种桑接二连三地发出上谕，地方官治绩也以养蚕为标志之一。如青州刺史尹思贞治绩极佳，以至蚕一年四熟。五代时，南唐桑树充满田野，四川桑树更多，每当蚕市时，有大量桑树苗出卖，前蜀王建曾登楼望见很多卖桑树苗的，于是向身旁臣子说“栽桑的人这么多，如果抽桑税，收入一定很大”。

3. 植棉

木棉是由西域高昌和岭南、南诏两条途径传入我国的。于春天种植，夏秋之交结果，到仲秋时节果实外皮四裂，雪白的棉花就绽露了出来。用它纺线织布细密厚暖，很适宜抵御寒冬。桂管（广西桂林）布质粗涩、厚重，可以御寒，可能是木棉布。唐文宗时，夏侯孜着桂管布入朝，唐文宗也着桂管布，满朝官员都仿效，布价骤贵。五代时，楚王马希范宫内的地毯，秋冬就用木棉制成，可见楚境内已经种植棉花了。

4. 种植甘蔗

647 年，唐太宗派人到天竺摩揭陀国学熬糖法，令扬州送上甘蔗，榨取蔗汁，如法制糖，色味远胜西域糖。

《元和郡县图志》载蜀州贡砂糖、青州贡糖，又有糖霜（一名糖冰），制法是唐代宗时人邹和尚所传，原料用甘蔗，而以今四川遂宁县所产甘蔗最有名。

五、土地利用率的增高与农业著作的问世

1. 土地利用率的增高

唐代南方耕作平田是集约式，山田是粗放式；而北方则一律集约式。唐代有围田、圩田、架田和梯田等四种田制，以圩田和梯田为新兴富源，经济地位最为重要。围田就是湖田，大抵今日的田就是过去的湖，即围湖垦田。圩田也是驱水为田，总之是为扩大土地利用的范围。江南每一圩方数十里，如大城。其中有河渠，外有河闸，旱则开闸，引江水灌溉，涝则闭闸，拒江水之害，旱涝保收，农民得益。

梯田就是垦山为田，所以又称“山田”或“畬田”。唐时山田多为陆种，水田种稻，山田种粟。如四川山峡中山田都是火种，不用耕犁，种后也不需耘锄。但唐代山田也有水种，不全是陆种（旱田）。

南方水田种稻需深耕细耙，比较集约，唐时较落后的地方也牛犁粟并提。又吸取北方的经验，水田作业从碎土、混泥到平整土地都精耕细作。

唐时农业发达区有“扬一益二”之称，扬州即今淮河以南、长江以北之地，益州即以成都为中心的四川地区。加上南、北方互相吸取经验，耕作集约，北方改变了北朝以来粗放的耕作方式，于是种田三十亩，衣食就充足有余。耕作土地的面积比均田民的口分田少，生产自给而有余，反映了耕作集约后可以少种多收。

2. 有关农业著作的问世

《耒耜经》。唐末陆龟蒙撰。是一部记述农业工具的书。因犁是由耒耜逐步演进而成，而本书对犁介绍最详细，所以用耒耜作为书名。所记述的犁与江南地区出土唐犁完全一致，耕地时可调节耕层深浅，其结构、性能和近代常用的犁已相近似。

《四时纂要》。唐末或五代初期韩鄂（一作韩谔）撰。逐月列举应做农事及其技术措施，近于农家历的性质。其中对大田和园艺技术有较详细的记载。关于农业技术部分，主要引自《齐民要术》，但文字有所改动。书中记载有种植木棉的方法，为我国植棉的最早记载。

《茶经》。唐陆羽撰。是我国第一部关于茶的专门著作，书中论述茶的性质、品质、产地、采制烹饮方法及用具等。它的问世对种茶、采茶、造茶、煮茶、饮茶、品茶、茶效、茶德等，提出了一整套科学理论和方法，奠定了我国茶学的基础。

《安骥集》，又名《司牧安骥集》。是现存最古老的一部兽医学专著，较有可能是隋唐时代大仆寺的一些兽医博士写的教材。一般认为由唐宗室李石组织主编而成。本书系汇集唐代前后的主要兽医学论著编纂而成，对马病的诊断治疗有较系统的论述。在本书的《相马外形学》中，首先提出选育良马要查阅良马的血缘系谱。在《旋毛论》中指出中国古代马的六十个优良品种的毛色特性。本书收录的《伯乐针经》，是现存最早的兽医针灸文献，所列的穴位至今仍在兽医临床上广为应用。《安骥药方》和《蕃牧纂验方》是唐宋时期的方药书，其中有些处方至今仍在临床上应用。

3. 护农意识的增强

开元四年（716 年）山东螟蝗损害庄稼，当政宰相姚崇分遣御史捕埋蝗虫。而当时为迷信思想所笼罩的整个社会，对捕埋蝗虫的举措反对声很大。如汴州刺史倪若水竟然抗拒御史，并上奏说蝗虫是自然之灾，不该捕埋，否则将会更多。姚崇坚持捕埋，获蝗十四万，投于汴河内，不可胜数，朝臣们议论哗然，玄宗也一再向姚崇提出质疑并表态说：杀虫太多，有伤和气。你是否考虑考虑！姚崇说：若因救人杀虫而招致灾祸，我心甘情愿。姚崇“以人为本”的思想不但使当时唐朝人得益，也给后世谈杀虫救荒为民的人提供了范例。

宪宗时，韦丹任容州（今广西北流县）刺史，“教民耕织，止惰游，兴学校”，“屯田二十四所，教种茶、麦”。

后汉隐帝乾祐元年（948年）禁捕鸲鸽，因鸲鸽捕食蝗虫。

永州刺史韦宙将种田养殖的谋生方法编印成书，分发给每一户，鼓励发展当地农业，为开发落后地区做出了贡献。

第二章　商　业

隋唐五代是我国经济大发展时期，商业也比过去更加繁荣。

一、隋唐五代商品的丰富

1. 商品的种类繁多

隋唐五代的商品种类增多了，出现了许多新兴商品和特色商品，商品的产量和销售量也大大增加。

隋初，社会安定，农业生产有一定的恢复和发展，与此同时，纺织业、制瓷业、制盐业、漆器制造业、造船业、制茶业等手工业都有所发展，为商业的发展提供了商品。如纺织品中相州（治今河南安阳）的绫文细布、青州（治今山东青州）的冰丸绮绣、四川的蜀锦、豫章郡（治今江西南昌）的鸡鸣布等都很有名。

隋唐商品的丰富，我们从唐初各地给朝廷的贡赋中可见一斑。如位于今陕西、甘肃、内蒙古一带的关内道有绢、绵、布、麻，以及名马、角弓、龙须席、苁蓉、野马皮、麝香等特产。位于今黄河以南的河南、山东和淮河以北的安徽、江苏地区的河南道有绢、絁、绵、布、紬、文绫、丝、葛、水葱、蓖心蒂、瓷石之器等。位于今山西的河东道有布、扇、龙须席、墨、蜡、石英、麝香、漆、人参等。位于黄河以北、太行山以东的河北道有绢、绵、丝、罗、绫、平紬、丝布、绵紬、凰翮、苇蒂、墨等。位于秦岭以南、长江以北，包括今四川、湖北、甘肃、陕西、河南部分地区的山南道有绢、布、绵、紬、金、漆、蜂蜜、蜂烛、钢戟、芒硝、麝香、交梭、白縠、紵、绫、葛、采纶、兰干等。位于今陕西陇山以西、青海以东、内蒙古西部、新疆东部的陇右道有布、麻、麸金、砺石、基石、蜜蜡、蜡烛、毛毼、麝香、白叠及鸟兽之角、羽毛、皮革等。位于今江苏、安徽两省淮河以南、长江以北的淮南道有絁、绢、绵、布、交梭、紵、絺、孔雀、熟丝、青铜镜等。位于今长江以南、南岭以北，四川、贵州以东地区的江南道有麻、紵、纱编、绫纶、蕉、葛练、麸金、犀角、鲛鱼、藤纸、朱砂、水银、零陵香等。位于今四川、云南一带的剑南道有绢、绵、紵、麸金、罗绫、绵紬、交梭、弥牟布、丝、葛、麝香、羚羊、犛牛角尾等。位于五岭以南，下辖今广东、广西和越南北部的岭南道有蕉、紵、落麻、金银、沉香、甲香、水马、翡翠、孔雀、象牙、犀角，龟殿、蝇丝、藤竹布等。这些物品虽然是给唐朝廷的贡赋，但它们绝大多数也是在各地市场流通的商品。

2. 新兴商品和特色商品的出现

隋唐五代时，出现了许多新兴商品和特色商品。

隋时，四川蜀锦极为名贵，波斯锦于隋代传入中国，当时已能织出质量很高的仿波斯锦。唐丝织品图案鲜美、花色繁多、织造精巧，印染技术也达到较高水平。如宣州的红线毯、白苎布及绫绮。吴越地区的缭纱、缭绫——这是用青白两色丝织成的花绫，丝细质轻，费功极大，宫中用作春天的舞衣。亳州轻容——一种无花薄纱，是最轻的一种纱。据说亳州出轻纱，入手似无重量，裁作衣服，看上去像披轻雾。敦煌千佛洞发现唐朝薄绢，并绣有精细的佛画，挂在穹门或到佛堂去的过道上，不阻碍光线。桂管（今广西桂林）布——布质粗涩、厚重，可以御寒。唐文宗时，夏侯孜穿桂管布入朝，唐文宗也穿桂管布，满朝官员都仿效，布价骤贵。南唐有一种叫“天水碧”的特色商品，起源于南唐宫中，当时南唐宫女收露水染碧，制成衣服，颜色特别鲜明，称为“天水碧”，这种染色的方法也传入民间，当时南唐首都建康（今南京）市中，染店之旁，大多写上“天水碧”的字样。

隋代的何稠能以绿瓷制琉璃，其色泽有赤、白、黑、黄、青、绿、缥、绀、红、紫十种，可以以假乱真。唐代陶瓷器也是一种新兴商品。越州（治今浙江绍兴）的青瓷类冰类玉，晶莹剔透；邢州（治今河北邢台）的白瓷类银类雪，质量很高。陶器以三彩陶俑，即“唐三彩”最为著名，以青、绿、黄三色为主，以人、马、骆驼为主要造型，唐三彩的施釉技术达到了新的水平。唐后期瓷器逐渐被民间普遍使用，制作工艺也有提高。五代十国时，吴越的越州秘色瓷器非常有名，此外，蜀、闽国也制秘色瓷。后周有柴窑，柴窑产品青如天，明如镜，薄如纸，声如磬，滋润细腻，有细纹，技艺精绝，为诸窑之冠。相传当时主管官员请示瓷器的样式，周世宗说“雨过天青云破处，者（这）般颜色作将来”，“雨过天青”就是秘色。

舟车也可成为商品。唐代长安的通化门长店是车工聚集之处，他们都是以造车、卖车为生的。隋时，造船业已有很大发展，扬州（治今江苏扬州）的造船业在当时相当出名，隋炀帝游幸所用船只就是这里生产的。唐代刘晏曾在扬子县造船二千余艘。可见当时造船的规模相当大，除了完成官府的造船任务外，就是用来售卖。当时内河的商船非常多，巨商俞大娘拥有可载米万石的大型航船，操驾之工达数百人。长江流域一带的大船都为富商所有，从事海上贸易的商船，大者长达二十余丈，可载六七百人。还出现了不用铁钉，而用桄榔须和橄榄糖连接船板的大型商船，以及用人力脚踏两轮使船前进的轮船。五代时，江南的造船业也很发达，主要是为了满足内河与海运的需求。

造纸是极普通的一种手工业。因原料和制法不同，各地多有特产，如唐玄宗时萧诚善造纸，所造纸五色光滑，称为“斑石纹纸”。唐宪宗时，薛涛侨居成都，取百花潭水制深红小彩笺，用来写小诗，时人称为“薛涛笺”。除了写字印书的纸，还有糊窗的纸、专包茶叶称为“茶衫子”的纸和做纸钱的纸。从魏、晋时开始，自王公至庶民，通行纸钱，葬时焚化。造纸业唐后期比前期更为发达，产地以南方为主。益州（治今四川成都）的麻纸、浙东的藤纸、蒲州（治今山西永济县）的细薄白纸、韶州（治今广东韶关）的竹笺、宣州（治今安徽宣城）的宣纸、扬州的六合笺、临川（治今江西临川）的滑薄纸、均州（治今湖北均县西北）的大模纸等驰名天下。

唐代雕版印刷术逐步普及。剑南西川、淮南等道，都用版印日历，在市上发卖，每岁不待司天台奏准颁下新历，私印日历本早已通行天下。当时的印刷品除日历外，还有佛像、佛经、文人的诗文集等。佛像和日历本都是出售的商品，印刷数量很大。在成都市场上出售的书，多是阴阳杂说、占梦相宅、九宫五纬、字书小学一类。五代十国时，朝廷雕印儒经，定价出售。如后唐明宗时，宰相冯道、李愚请令国子监校订《九经》，刻版印卖，得唐明宗允准，前后二十二年才完成。周世宗时，准宰相奏请，刻《经典释文》三十卷。南方诸国也有印书的记载。后蜀也雕版印刷《九经》，后蜀《九经》本被称为最精品。后蜀宰相毋昭裔又令门人勾中正、孙逢吉写《文选》《初学记》《白氏六帖》，镂版印行。此外，南唐印《史通》《玉台新咏》，吴越雕版印佛经，闽国有诗文印刷品出售。这些都说明印刷品作为一种新兴的商品已经出现了。

隋唐五代时期作为新兴商品进入市场的还有蔗糖、煤、石油、葡萄酒等。647 年，唐太宗使人到天竺摩揭陀国学习熬糖法，令扬州送上甘蔗，榨取蔗汁，如法制糖，色味远胜西域糖。当时蜀州有砂糖，青州有贡糖，可见制糖法已经流传。据说有一种茅草冬季烧去枝梗，到春季掘取土中洁白的余根，捣汁熬制，得糖味极甘，称为“洗心糖”。又有糖霜（一名糖冰），制法是唐代宗时邹和尚所传，原料用甘蔗，四川遂宁县所产最为有名。葡萄酒的制法也已从国外传来。

有一个典型的材料很能说明隋唐五代时期南方的新兴商品和特色商品的状况：天宝二年（743 年），陕郡太守、水陆转运使韦坚在长安东九里长乐坡下、浐水之上架苑墙，引水到望春楼下，积成广运潭。唐玄宗登楼看新潭。韦坚聚小斛底船二三百艘，使一个官员坐第一船做号头，口唱《得宝歌》，船上有盛妆美女一百人和歌，鼓笛及外国音乐齐奏，来到望春楼下，后面船各写郡名，依次衔尾前进。船上满载本郡特产，如广陵郡（治今江苏扬州市）船载锦、镜、铜器、海味，丹阳郡（治今江苏镇江市）船载京口绫衫段，晋陵郡（治今江苏常州市）船载折造官端绫绣，会稽郡（治今浙江绍兴市）船载铜器、罗、吴绫、绛纱，南海郡（治今广东广州市）船载玳瑁、珍珠、象牙、沉香，豫章郡（治今江西南昌市）船载名瓷、酒器、茶釜、茶铛、茶碗，宣城郡（治今安徽宣城县）船载空青石、纸、笔、黄连，始安郡（治今广西壮族自治区桂林市）船载蕉葛、蚺蛇胆、翡翠，吴郡（治今江苏苏州市）船载方丈绫。这几百只船装载着来自数十郡的物产排列在望春楼下，驾船人都是南方吴楚装束，戴大笠子，着宽袖衫、草鞋。京城百姓从来没有见过这么多船桅，这如林的桅杆把他们都看呆了。韦坚奏上诸郡轻货，府县乐队和教坊（宫中乐队）相次奏乐，唐玄宗大喜。这里只记载几个郡的手工业品和特产，想见其余各郡，产品种类也不少。韦坚这次主持运进京师的数百只船中，盛装地方手工业特产，何尝不是一次巨大的地方手工业精品和特色商品的展览会！

3. 商品流通量的增加

隋唐五代时期，一些商品产量和销售量也大大增加，主要有粮食、茶叶、绢帛、瓷器等。

隋唐时期，垦田面积不断扩大，粮食总产量大幅度增长。唐后期，水稻种植进一步发展，尤其是稻麦复种制的推广，大大提高了单位面积产量，因此，投入市场销售的商品粮也很多。

隋唐五代时期种茶业有了长足发展。长江中下游及福建都是产茶区。唐德宗时，茶税已成为政府的重要税收之一。饶州（治今江西浮梁）的浮梁县，元和时每年茶税达十五万贯。唐后期，茶叶运销全国甚至海外。这不仅促进了制茶业的发展，也带动了商品经济的繁荣。五代时，南方经济作物中种植最普遍的是茶树。闽、吴越、吴和南唐、楚、前后蜀等地茶树栽培很广，茶叶产量很大。南唐茶叶的种植，遍及全境，仅在建安地区（今福建西北部）有茶焙（制茶场所）一千三百三十六处，其中官焙三十八处。楚每年向中原王朝贡茶达二十五万斤。南平首都江陵是当时中国最大的茶市。在前蜀、后蜀的统治地区，植茶更是普遍，贵族官僚的茶园规模很大。由于经营茶叶可获厚利，使一批“商贾以起家”，资本累积增多，成为富商大贾。

盐在商品中脱颖而出。唐以前，解州（治山西运城西南）的盐最重要，唐代则淮、浙之盐起而代之。盐的利润很高，课税亦重，不过由于为社会所必需，所以生产与销售量一直很大。

唐代瓷器的产地很多，如邢州、越州、鼎州（治今陕西泾阳县北）、婺州（治今浙江金华）、岳州（治今湖南岳阳）、寿州（安徽寿县）、洪州（治今江西南昌）等，产量很大。五代瓷器产量也很大。越窑所产“金扣”（镶边）

瓷器，动辄以万计，是向外输出的大宗商品。

隋唐五代时期，纺织业规模日益扩大。纺织业主要可分为丝织业、麻织业、毛织业和棉织业。丝织品的名产地很多，产量很大，一些丝织作坊的规模也很大，如定州（治今河北定县）何明远，家有绫机五百张。丝织品是当时社会交换的主要商品，有时还充当商品交换的媒介，发挥着货币的作用。除了丝织品外，民间普遍使用的就数麻织品了，麻布的产量和销量很大，此外还有毛织品和棉织品。

李肇《国史补》说，天下通用的物品，多得不可计数，如丝布作衣，麻布作囊，毡作盖，革作带，内邱（今河北内丘县）白瓷瓯，端溪（今广东德庆县）紫石砚，天下无贵贱，人人都通用。可见这些商品的产销量都是很大的。

二、都市商业的繁荣和集市的发展

隋朝的东西两京是全国最大的商业中心，西京长安城内有东、西两市，东市称“都会市”，西市称“利人市”，来自国内外的商贾云集。东都洛阳城内共有三市，东为丰都市，南有大同市，北为通远市，其中丰都市周围八里，内设一百二十行、三千余店、四百余客栈。商贾云集，珍奇货物堆积如山。大同市周围四里，内设六十六行、邸店一百四十一区。通远市，北临通济渠，商贾贸易，车船云集。隋朝被称为都会的还有太原今山西太原西南、京口（今江苏镇江）、南海（今广州）、交趾（今越南河内）、成都、丹阳（今江苏南京）。隋炀帝开凿大运河，助长了扬州的繁荣，也使大运河畔的汴州（今河南开封）、宋州（治今河南商丘）、魏州（治今河北大名北）和贝州（治今河北清河西）因此成为新兴的地区商业中心。

唐代长安城规模更大，城周七十多里，由宫城、皇城和外郭城三部分组成。外郭城共一百〇八坊，为居民区和工商业区，设东、西二市，各占四坊之地。东市有二百二十行。会昌年间（841—846）长安失火，延烧东市曹门以西十二行，共四千余家。长安城盛时人口达百万之众，中外客商毕集，四方珍奇汇聚，是当时世界最大的商业中心。

唐代东都洛阳也有宫城和皇城，设有南市、北市和西市三市，以南市最为繁荣，市内有一百二十行、三千多家店铺、四百多家客栈，出售的商品可以堆成山。

唐后期，南方商业发展更为迅速。地处南北枢纽要冲的扬州，以及西南中心城市益州（治今四川成都）更为显著，时称“扬一益二”。这就是说扬州的繁荣居全国第一，其次才是益州（即成都）。扬州的繁荣最重要的是它所处的连接南北的交通枢纽地位，扬州富商大贾极多，多珠翠珍奇的货物，肃宗上元元年（760 年），田神功至扬州，大掠百姓商人资产，商胡波斯被杀者数千人。扬州不仅是各地商品会聚之处，而且也是重要的商品生产基地，扬州生产的铜镜、铜屏风饮誉国内外。朝廷还在扬州特置市舶使，因为扬州又是一个对外贸易的重要商埠。唐宪宗时的诗人张祜《纵游淮南》诗，有“十里长街市井连”句，可见商业的繁盛。

成都“水陆所凑，货殖所萃”，是全国最繁华的商业大都会之一，“号为天下繁侈”，也有人认为它比扬州还要繁荣。五代时期成都城中有蚕市、药市、七宝市等。

汴州，号称“雄都”，人烟辐辏，商业发达。汴州在唐亡后成为第一个待选为全国首都的大商业城市。

广州号称“水陆都会”，设有市舶使，有很多外国商船，狮子国（斯里兰卡的古称）的船最大，海船以信鸽通信。每当外国商船来到的时候，整个广州都显得热闹非凡。广州西江中的外国船舶，不计其数。

苏州在春秋、战国时就是著名的都市，隋时有一万八千户，唐代中后期有十万户，市场繁荣，可与扬州、长安相比。

杭州是唐代新兴商业城市，唐后期有三万多家店铺，居民达十万户。

唐代北方，繁荣的都市还有宋州、贝州、魏州、太原、滑州（治今河南滑县东）等，宋州的繁荣仅次于汴州。南方长江流域都市还有江陵（治今湖北荆州市）、洪州、鄂州（治今湖北武汉市武昌）、宣州、常州、潭州（治今湖南长沙）、越州等，都很繁荣。沿海城市，除广州外，还有泉州（治今福建泉州）、明州（治今浙江宁波）、登州（治今山东蓬莱）、交州（今越南河内附近）等也开始成为重要的对外贸易城市。西北有凉州（治今甘肃武威），是丝绸之路上的重要都会。西南有桂林（今广西桂林）。

这些商业繁荣和行业俱全的大城市成了地区中心，各地首府、州、县商业也很繁荣，小城镇和地方集市网络在它们的郊区发展起来。

包括大都会在内，凡是县治以上的城市都有官设的“市”作为交易所在。中县（人口在三千户左右）以上者，均设有市令来管理。市的营业时间，以日午击鼓三百声，而众以会；日入前七刻，击钲三百声，而众以散。这种定期开闭的市制，乃是唐代城坊制度下的一个特色。

关于市中交易的情形，唐代著名诗人刘禹锡所写的《观市》一文作了比较生动形象的描述，大意如下：元和二年（807 年），沅州（治今湖南黔阳）干旱，从春末至六月，有三四个月没有下雨，于是把市场迁到城门前的大道上。从下令搬迁之日起，有市籍者纷然而至，各种摊点在大道两旁排列有序。各种手工产品陈列其中，有的还写上商品的名称及其价格，还有从国外来的商品。有卖早点酒食的，有卖猪肉、羊肉的，有卖各种陆生水生之禽兽鱼虾珍异之物的。坐贾行商，熙来攘往，利之所在，心之所在，钱之所在，目之所及。于是从事银钱兑换、放贷者与进行中介的经纪商人，也摩拳擦掌，跃跃欲试。巧舌如簧，锱铢必较。做买卖的人们从天亮出发，到中午就挤满了市场，大家争先恐后，谈生意、做买卖，直到夕阳西下，散市为止。

从刘禹锡的观察，可以看到：纵使在三四个月的干旱之后，商业也依旧兴隆。必须有市籍者才能入市营业，而市制整齐，物有标价。商品中外皆有。文中提到的商人，除了直接经营贩售者外，还有从事银钱兑换、放贷者与经纪商。

坊市分开是唐代城市的主要特点，但是随着商业的发展，这种情形到唐末五代时期逐步被打破，商业活动逐渐扩展到市以外的区域，扬州、汴州、苏州、广州、金陵（今江苏南京）等大城市出现了夜市，不再严格执行坊、市分开，日落闭市等制度。

至于县城以下的地方，唐中宗景龙二年（708年）曾经规定不准设市，但偶尔也破例允准。州县商业的繁荣促进了市场的发展。唐前期，较大规模的交易活动主要在城中的市内进行，集市贸易虽然存在，但并不普遍。唐后期，商品经济的发展促使了集市贸易的活跃，这类交易多以农具和农副产品为主，在农村交通要道上定期举行，有些后来逐渐发展为城镇。这些离州县城较远、在交通便利的地点因商业上需要自然形成的集市又称“草市”。据载，彭州唐昌县（今四川彭州西南）建德乡草市旗亭旅舍，屋屋相连，珍贵的货物都有，享用的器具全备，成为兴盛的商业区。一般草市都在交通要道处。杜牧说，凡江、淮草市，都设在近水的交通要道两旁，富室大户，多住市上。唐人诗文和小说中，多说到草市，可见除州县的市以外，还有为数更多的草市存在。各地的草市名称不一，有行市、墟市、野市、蚕市、亥市、獠市、集、庙会等各种名称。某地有大集会，商贾来会地出售货物，称为“行市”。岭南有墟市，西南有野市、獠市，西蜀有蚕市，江南有亥市，北方有集，都是村落间定期交易的小市。在神庙定期举行交易，称为“庙会”，性质与行市相似。自两京到乡村，都设立大小不等的市，说明唐朝有比较发达的商业。集市的兴起、夜市的出现，逐渐突破了商品交换的空间和时间限制，反映了商品经济发展的深度和广度。

五代十国时期，南方诸国的都城成都、扬州、杭州、广州、福州、长沙、金陵、江陵等都是商业繁荣的城市。吴越都城杭州，已成为东南繁荣的大都市，“富兼华夷”“百事繁庶”，有“地上天宫”之称。成都市场也相当繁荣，市场交易量很大。唐末五代，经济重心逐步南移，南方各地的商业更为活跃。贸易活动主要是南方各国以茶、丝织品、药品等向中原或契丹换取羊、马等，官私商业获利甚厚。沿海城市，如杭州、福州、泉州、广州等海上贸易也很繁盛。

三、商业组织的出现

由于工商业的发展，隋唐五代时出现了工商业者的同业组织——行会。周代，同类货物陈列在同一行列内称为“一肆”。隋、唐时，肆专指各个店铺，行是若干同业店铺的总称。行有行头，因而行就成为同业组织。行会有手工业行会，也有商业行会，而商业行会则占主要地位，许多手工工匠从属于商业行会。隋东都洛阳丰都市有一百二十行，唐都长安东市有二百二十行，行数增加，显示唐代商业比隋代更加繁荣。又有牙人（也称“牙子”“牙郎”“牙侩”）招揽买卖，协议物价。官府和商人交涉，有时也使牙人出面。诸书所记行名，有金银行（又称“金市”）、铁行、太衣行、绢行、织绉锦行、秤行、米行、面行、肉行、鱼行、药行、鞦辔行等。行会作为同业商人的组织，其主要任务有：处理本行内外事务，决定入行商户，统一经营方针，进行祭祀活动等，此外接受政府的领导、管理商人的经营活动，向商人和手工业者征税和派劳役等也是行会的一项重要任务。行头又称“行首”或“行老”，一般由本行商人公推，得到政府的认可。他们对内掌管行务，协调内部利益冲突，保障本行业的生存和发展，对外代表本行业处理与其他行业及官府的关系。行会的出现是当时工商业发展的表现，同时也成为官府控制工商业的工具。

隋唐五代时期，从大都市到偏僻乡村以及通往各地的交通要道上，都存在着大量的旅店和邸店。旅店，也称“逆旅”“客舍”，主要供商旅居住、饮食。邸店，既可住宿、饮食，也可让商人存放货物，还是一个商品买卖的场所。有时候它们还为买卖双方充当中间人或直接收购商人的货物。旅店和邸店成了一个商业组织。旅店和邸店的大量出现，为商业的发展创造了极为有利的条件，同时也是商业繁荣的表现。

四、经商风习与商人势力的发展

隋唐五代时期，由于经济的发展，整个社会形成了经商的风习。史称隋代关中百姓放弃农业耕作，从事工商业的非常多，东都洛阳也有从事商业经营的风尚。唐代江淮地区不事农业，崇尚商贾蔚成风尚，其实有经商风习的何止江淮，《全唐诗》中就有很多诗提到当时许多地方的人“尽去作商贾”的状况。

由于经商者很多，隋唐五代时期出现了很多大商人。隋炀帝营建东都洛阳后，移天下诸州富商大贾数万人于洛阳。唐高祖时富商郑凤炽，家产不可计数，邸店园宅，遍满海内，与权贵往来，势倾朝野。他曾对唐高祖夸富说，终南山上每株树挂绢一匹，山树挂满，我家里还有余绢。这种记载未必可信，但郑凤炽是隋、唐间巨富，却是事实。唐太宗时，安州（治今湖北安陆县）人彭通献布五千段供攻打辽东军费，因而获赐文散官宣义郎（从七品下）名号。唐高宗时，安州人彭志筠愿献出绢布三万段助军费，也被赐奉议郎（从六品上）名号。武则天父亲武士彟与同乡许文宝常贩木材数万根，成为经营木材致富的大商人。武则天时，张易之引蜀商宋霸子等数人在内殿赌博。唐玄宗时，京城富商王元宝，被称为天下至富，也称为王家富窟，他家以铜线穿钱铺在后花园的路上，目的是下雨时走在路上不会打滑。唐代中后期，商业比以前更加发达，富商大贾也更多。如代宗、德宗时经营船运业的俞大娘，航船可载万石，号称最大，船上的人生活起居、婚丧嫁娶都在船上进行，开巷为圃，水手数百人，南至江西，北至淮南，商业利润极高。顺宗时经营邸店业的王布，家产千万。唐朝末年，都城长安有个叫王酒胡的大商人曾拿出三十万贯钱助修朱雀门，以后再修安国寺，皇帝命捐一千贯钱的可撞钟一下，当时王酒胡半醉来到寺中，直接上钟楼，连撞一百下，之后从西市运钱十万贯入寺。除了上面提到的大商人外，见于记载的还有国都长安的富商刘子逸、李明、卫旷、杨崇义、郭万金等及齐州的刘十郎、定州的何明远、河东的裴明礼、襄汉潘将军、江陵郭七郎、淮扬万贞等。他们往来于全国各地，从事各种商业活动，唐朝诗人元稹《估客乐》说："求珠驾沧海，采玉上荆衡（楚地）。北买党项马，西擒吐蕃鹦。炎洲（炎热的地方）布火浣（打火石），蜀地锦织成。越婢脂肉滑，奚僮（小孩）眉眼明。通算衣食费，不计远近程。经游天下遍，却到长安城。城中东西市，闻客次第（按顺序）迎。"

除大商人外，从大都市到乡野草市，从事商品买卖更多的是中小商人，他们这是隋唐五代商人的主体，史籍中记载比比皆是。按照他们经营项目的不同，又可分为金融商、盐商、粮商、绢布商、茶商、木材商、珠宝商、南北杂货商等。

隋唐五代时期，来中国经商的西域、阿拉伯、波斯商人很多。如黄巢攻陷广州，胡人死者十二万；田神功大掠扬州，大食（阿拉伯）、波斯（伊朗）商人死者数千。除了沿海的城市，在内地的都会中也有不少胡人经营的店肆。如李白《少年行》诗："五陵年少金市东，银鞍白马度春风。落花踏尽游何处，笑入胡姬酒肆中。"便可见胡人店肆的普遍。

五、交通运输业的发展

隋唐五代时期，国内外水陆交通畅达，就在许多地方被割据的唐末五代时期，交通仍保持畅达状态，这给商业的发展提供了有利的条件。

隋唐五代时期国内交通分陆路与水路两种。

隋唐时陆路交通以长安为中心，四通八达，东路自长安经洛阳至汴（今河南开封市）、宋（今河南商丘市），远至山东半岛；西路自长安至岐州（治今陕西凤翔县）以至成都；西北至凉州（今甘肃武威），远通西域；南路自长安至荆（今湖北江陵县）、襄（今湖北襄樊市襄阳城），再南入长沙经广西达交州或经衡州过南岭到广州；北路自长安至太原（今山西太原市）出娘子关至范阳（今北京），或沿黄河东进转北，沿现在的京广线至范阳。沿路都有店肆供商人旅客住宿，店内备有驴马出租，商旅往来非常方便。以上陆路交通是安史之乱前的情形。安史之乱后，行路有时会遇到危险，但交通并未阻塞。唐玄宗时，张九龄开凿大庾岭路；唐宪宗时，陆庶开福建陆路四百余里。两条新路的开辟，主要是为商业上的便利，想见其他地方也会有新开辟的商路。

水路交通有贯通南北的大运河，沟通了东部地区南北的主要水系。隋炀帝为了有效地控制地方，加强偏于西北的政治、军事中心与日益南移的经济重心之间的联系，下令开凿大运河。大运河以洛阳为中心，南到余杭（今浙江杭州），北抵涿郡（今北京西南），共分三大段：中段由连接黄河、淮水、长江的通济渠与邗沟组成，北起洛阳，南至江都（今江苏扬州）；南段名江南河，北起长江南岸之京口（今江苏镇江），南抵余杭；北段名永济渠，南起洛阳，北通涿郡。全长二千多公里，贯通南北，沟通了长江、黄河、海河、淮河、钱塘江五大水系，便利了南北交通及经济文化往来。南方众多的河流、湖泊构成多重水道网，使各城镇、地区紧密相连。长江中大小船舶非常之多，凡是大船都为富商所有，他们以船为家，奏乐歌舞，使唤婢仆，生活非常安适。当时洪州、鄂州等地，很多人水居，泛舟谋生，大抵从事商业或运输业。沿海地区，国内的海上交通亦逐步发展。

隋唐五代都设有官办的水陆驿站，唐代全国有官驿一千六百四十三所，其中陆驿（备有马驴）一千二百九十七所，水驿（备有船只）二百六十所，水陆相兼驿八十六所。陆路上一般是三十里设一驿，每驿有长，管理本驿。驿站备有宿房、驿驴、驿马、驿船，招待旅客。官驿馆在全国交通线上普遍设立，对商业有很大的便利。

唐朝对外的交通线主要有西北的陆路和东南沿海的海路。陆路自洛阳、长安，经河西走廊、新疆，通往中亚、西亚、南亚和欧洲，这就是被誉为“丝绸之路”的中西交通线。海上交通线以东南沿海的港口城市广州、扬州、登州（今山东蓬莱）、楚州（今江苏淮安）、明州（今浙江宁波）、泉州为起点，通往东南亚、新罗、日本、大食及波斯等国家和地区，互相开展贸易往来。

六、货币的统一与金融业的发展

货币是商品交易不可缺少的媒介，货币的统一对商业的发展意义很大。隋唐时期，十分重视货币的统一，又铸造大量的铜钱，但钱重货轻的状况一直未能改变，这样便出现了最早的存储和汇兑业务——柜坊和飞钱。

1. 货币的统一

南北朝时期，币制不统一，钱币轻重极为紊乱。南朝岭南诸州用盐、米、布交易，都不用钱。北朝市上盛行私铸钱，种类繁杂。河西诸郡用西域金银钱。大抵各地方都有私铸钱，朝廷法定的钱币只算是各种钱币中的一种。隋文帝即位，力求钱币统一，新铸一种五铢钱，各市都置样钱，不合样的钱不许入市。前朝旧钱一律废除。585 年，新五铢钱通行全国，百姓称便。灭陈以后，陆续在扬州立五炉，在鄂州立十炉，在益州立五炉，依定样铸钱。隋文帝刑法严厉，不许私铸钱流行，基本上保持钱币的统一。隋炀帝时，私铸钱又盛行，重量不足，甚至剪铁片、裁皮革、糊纸钱混入铜钱中使用。钱贱物贵，币制大乱，一直乱到亡国。

唐高祖李渊武德四年（621 年）铸开元通宝钱。全国铸钱炉最多时（天宝年间）有 99 处，每炉每年铸开元通宝钱 3300 缗，全国每年铸钱 32.7 万缗。唐肃宗铸乾元重宝钱，以一当开元通宝钱十。又铸一种乾元重宝钱，以一当开元通宝钱五十。钱法紊乱，物价腾涌，米一斗价至钱七千，贫民大批饿死。唐代宗时两种乾元钱罢废，专用开元通宝钱，一直到唐亡。元和七年（812 年），唐廷在飞狐（今河北涞源县）置五炉铸钱，一年可得 1.8 万贯，改变了今河北、山西部分地区长期使用铁钱的状况。唐代金属铸造业以铸钱业的规模为最大，但由于当时的政治状况及商业的大发展，对铜钱的需要量大增，与铜钱的短缺现状产生了严重的矛盾，唐朝廷为了保证市场及朝廷对铜钱的需要，试图采取一些措施缓解这种矛盾，如颁布诏令、禁止埋藏、禁止销毁、禁止使用铜器、禁止囤积等，但这些都不能真正地实行，铜钱短缺的情况仍很严重。贞元二十年（804 年），唐德宗令市上交易，可用绫罗绢布杂货与钱并行。长庆元年（821 年），唐穆宗令两税改收布、丝等实物，唯盐、酒税用钱。唐文宗时，又宣布交易可钱谷并用。唐代岭南以金银为货币，西南的贵州、四川等地一直存在以盐、水银、朱砂、缯帛、巾帽等为交易物品的情况。

2. 柜坊和飞钱

在商品交换日益频繁、发达的情况下，唐后期的大城市出现了中国历史上最早的存储汇兑业务，即柜坊和飞钱。

柜坊又有僦柜、寄附铺、质库、质舍等名称，类似后世的当铺。柜坊经营钱物存付，并向存钱物者收取一定的费用，再根据存付人所出凭证代为支付。唐德宗借长安富商钱，仅得八十余万缗，搜括僦柜的钱物，借四分之一，得一百多万缗，可见柜坊的资金非常雄厚。柜坊所藏物品，主要是钱帛、粟麦。钱，一部分是柜坊自备的资金，一部分是别人的存款。因柜坊资金大，有钱人愿意寄存钱财，柜坊又兼似后世的钱店。钱以外的帛、粟、麦，是农民借钱的抵押品。柜坊往往都用高利贷盘剥人民，开元二十年（732 年），唐玄宗下诏说，近来公私放债，取利息颇多，自今以后，天下放债或收息，私人只许收四分，官本收五分。可见实际的利息要高得多。

唐宪宗时，出现一种称为“飞钱”或称为“便换”的汇钱法。各地商人在长安把货款交付给各道进奏院或诸军、诸使、某富家，领取文券，凭文券到目的地提取所汇之钱，类似后世的汇票。飞钱法可免带现钱行路，对商业大有便利。朝廷想取得飞钱的利益，令商人到户部、度支、盐铁三司飞钱，每千钱官收汇费一百文。没有一个商人肯来三司飞钱，朝廷只好允许免收汇费，结果还是没有人肯来。由于飞钱的出现受到了朝廷的干预，存在的时间不是很长。柜坊和飞钱是商业发展的产物，也与两税法实行后出现的“钱重物轻”引起的钱荒有关，当时诸道州府往往禁止钱币出境。

唐代的商业达到了空前的繁荣，客观上造成了对货币数量的更大需求；随着远程贩运和大宗商品交易的兴隆，携带体小值大较为轻便的货币，日益成为人们的迫切要求。中国自唐代始，银的生产和流通渐广，为中国币制的更新提供了希望和可能。银在当时流通中已客观上起着缓解铜钱不足和携带不便的作用，并确实存在着向本位货币过渡的迹象。而终唐之世，银之所以没有得到应有的发展而成为本位货币，不能不说与唐朝政府奉行的禁银政策（特别是元和禁银令）有关。唐统治者认为，银对老百姓没有什么好处，元和元年（806 年），宪宗针对岭北银冶的增多颁布了禁采令，天下银冶废者四十。唐朝的禁银政策对以后中国币制的演变产生了较大的影响。这就是：银迅速成长为一种新的通货的希望一时化为泡影，铜钱所固有的矛盾更为加剧，从而导致了唐、五代时铁钱的恣行泛滥，并促使中国先期进入了“纸币时代”。隋唐五代时期货币金融业的发展及其存在的问题，一方面说明当时商业的繁荣，一方面也说明当时商业的发展还十分有限，还未能突破官府落后观念与政策的藩篱。

七、对外贸易的发展

隋唐五代时期，商业的兴盛还表现在国际贸易的频繁。当时中外贸易有两种方式，一种是朝贡贸易，一种是民间私人贸易。

朝贡贸易是中国与周边国家官方贸易的主要形式。隋唐五代时，东方朝鲜半岛有高丽、百济和新罗三个国家。隋唐虽然和高丽发生过战争，但最后都失败了，大部分时间朝鲜半岛同中国各王朝都存在朝贡贸易关系。隋朝与日本建立了朝贡关系，唐朝时，日本多次派出的遣唐使就是规模庞大的朝贡贸易使团。东方国家进献的方物有金、银、铜、金甲、铁甲、朝霞䌷、鱼牙䌷、马、牛黄、人参、海豹皮、香油、松子、银镂剪刀、弓箭器甲、琥珀、玛瑙、水织绝、水银、金漆等。在东南亚和南亚当时有这样一些国家，位于今越南中部的林邑，位于柬埔寨的真腊，位于缅甸的骠国，位于印度尼西亚苏门答腊的室利佛逝、堕婆登和爪哇岛的阇婆，位于南亚的五天竺、尼婆罗和狮子国等。这些国家和中国各王朝保持朝贡关系，他们进贡的方物主要有象、象牙、犀牛、沉香、珍珠、朝霞布、火珠、鹦鹉、猛火油、白氎、玳瑁、龙脑香、菩提树、蔷薇水、菠薐菜、酢菜、胡芹等。中亚、西亚、北非的一些国家也同中国保持朝贡贸易关系，这些国家有位于中亚锡尔河、阿姆河一带的“昭武九姓国”（康、安、石、曹、米、何、史、火寻、戊地），位于今阿富汗的吐火罗国，位于西亚的波斯（今伊朗）和拂菻（东罗马帝国，统治中心在今土耳其），位于中亚、西亚、北非的大食（阿拉伯帝国）等，他们带来的方物有汗血马、玻璃、琥珀、玛瑙、宝石、珊瑚、金精、药材、香料、青黛、宝床子、狮子、豹子、石蜜、葡萄酒、菠薐菜、波斯锦、金线织袍等。作为朝贡的回报，中国各王朝也将大量的丝绸、瓷器、茶叶、图书、漆器、麻布、桐油、木梳、铁锅、铜器、雨伞、针、麝香以及其他各种工艺品赏赐给各国。朝贡贸易是中外官方贸易的一种特殊形式。

中外民间私人贸易是隋唐五代时期中外贸易的一种最重要的形式，不论规模、频繁的程度和人数都大大超过官方的朝贡贸易。在隋代和初唐，商人，不论是大贸易商或是地方的店主，甚至是京师的商贩，往往是外国人，即粟特人、波斯人及后来的回纥人。唐代中后期，来中国的大食（阿拉伯）商人特别多。当时中国从大都市到重要的商业市镇随处都可见到胡商的影子，尤其是长安、洛阳、扬州、广州、泉州等大都市最为集中。他们把从国外带来的商品在中国贩卖，又将大量的中国商品贩往国外。

贸易的途径也有两种，一种是陆上贸易，一种是海上贸易。陆上贸易是指中国与周边接壤的国家之间的直接商品买卖。隋唐五代时期，边境地区互市很普遍，在中外贸易的陆上通道中，最主要的是汉代以来形成的丝绸之路。隋唐五代时，丝绸之路时通时不通。政府对边境互市的管理也很严格，如唐禁止铁出关，丝绸等衣料的出口也要严格控制，目的在换取以马匹为主的各种牲畜。海上贸易则相当自由，登州、扬州、明州、杭州、泉州、广州都是对外贸易的口岸。朝廷在广州设市舶使，专管收税。中国商人到外国通商，也很发达。据阿拉伯人苏莱曼《东游记》说，唐时中国海船特别巨大，波斯湾风浪险恶，只有中国船能够航行无阻。阿拉伯东来货物，都要装在中国船里。当时中国船称雄海上，也就意味着中国对外通商的繁盛。中国输出的主要商品，除丝织物以外，瓷器、茶叶最受欢迎。现在在东南亚、南亚、西亚、非洲的许多地方都发现中国唐代的瓷器或瓷器碎片。从隋唐五代时期开始在中国东南沿海形成的到东南亚远至非洲的海上贸易通道，被人们称为“海上丝绸之路”或“瓷器之路”，这是隋唐五代商业繁荣发展的最好说明。

八、政治势力对商业的干预

隋唐五代是商业大发展时期，商业利润高，封建政治势力对商业的干预也就显得非常突出。

政治势力对商业的干预，首先表现在官府对商业的直接干预。隋炀帝为了征伐高丽，一再要富商大贾出钱买马买驴，使许多富商大贾贫困破产。唐代官府控制了一部分商业，直接进行经营，与民争利，还实行盐、酒、茶的专卖政策，掠夺商民的财富，获取高额垄断利润。为了满足官府和宫廷的需要，又采用名义上为公平买卖，实际上少给钱或不给钱的和籴、和市、宫市等形式向商民直接征取财物，又不断提高商税。这种情况在唐后期尤为严重。五代时，由于战乱，一些军阀政权直接掠夺商人的财富为己所用。五代各国都重征商税。周世宗早年替郭威管家务，曾与邺中大商颉跌氏到江陵贩卖茶货。某次，二人饮酒半醉，周世宗戏问，假如我做皇帝，你想做什么官？颉跌氏说：我做了三十年买卖，总是从京、洛来到这里。我看京、洛税官坐着获利，一天的私下收入，可以抵得商贾奔走几个月，我心里着实羡慕。如果你真做皇帝，给我一个京、洛税院官做，便心满意足了。

二是贵族、官僚、军阀利用政治特权直接经商。如隋朝的大贵族大官僚杨素、宇文述自己经商。唐制，士族称为“清流”，做官称为“清资官”，不许兼营商业。唐玄宗时，朝廷禁九品以上清资官置客舍、邸店、车坊，这说明当时官员经商已经很普遍，朝廷不得不下令禁止了，但实际上是禁而不止，官员经营商业的越来越多。安史之乱后，唐廷财政困难，肃宗女政和公主经商，以经商所得千万作为养军的费用。唐代宗时，诸道节度观察使以军用为名，用军人在扬州设店经商，牟取厚利。大历十四年(779 年)，唐朝明令禁止王公百官和军府于扬州设店经商，说明之前在扬州经商的王公、官员之多。大历年间官僚陈少游经商，积资亿万，贿赂权要。节度使王处存出身官宦之家，他家善于经营，财产数百万，富似王侯，为京师富族。

三是富商大贾与贵族、官僚和军队将领互相勾结。唐代长安的富商都和朝官甚至皇帝有来往，京城大商业多使用地方长官的存款，求官人通过柜坊等富商向宦官买官职，宦官也通过柜坊等富商成为工商业者的政治代表。长安许多大商小贩多列名神策军籍。自唐代宗时起，节度使多从神策军大将出身。大将出加倍的利息，向商人借巨款，送给中尉，到方镇后，尽量搜括，偿还本息，自身还私蓄一大笔钱存放在商店。商人以钱求官也不少见。本来唐代工商算是贱业，不许为官，自唐中期起，富商依靠宦官得入仕途。唐中宗时，辛替否说“遂使富商豪贾，尽居缨冕之流”，商人具有官员的身份，对商业的正常发展极其不利。

第三章　科　技

隋唐的建立，结束了西晋末年以来长期分裂的局面，社会生产力得到一定的恢复和发展。大运河的开凿促进了南北经济、文化的交流，经济和文化出现了繁荣的局面。科学技术因此有了很大发展，天文学、历法、地理学、医药学等方面都有了不少新的成就。

一、天文历算

天文学和数学是我国古代最发达的四门自然科学之二（其他是农学和医学），隋唐时期的天文学、历法和数学方面，都有了长足的进步。我国古代天文学的成就大体可归纳为三个方面，即天象观察、仪器制作和编订历法。

1. 天文学

耿询。隋朝有名的星历学家。耿询曾从其故人高智宝学天文算术，发明了用水力转动的浑天仪，“不假人力，以水转之，施于暗室中，使智宝外侯天时，动合符契”。耿询又做“马上刻漏，世称其妙”。

刘焯。隋天文算学家。刘焯制定《皇极历》，并将岁差确定为七十五年一度，与实际非常接近，我国现代气象学创始人竺可桢也曾为之感佩不已。同时刘焯指出：《周髀》中关于日影千里差一寸的说法不可靠，建议隋炀帝进行一次实地测量，可惜未被采纳。到了724年，负责掌管唐朝历法的太史局长官南宫说根据刘焯的意见进行测定。他派遣人员分头前往交州（今越南河内）、郎州（今湖南常德）、蔚州（今山西灵丘）和今河南省的汝南、许昌、开封、滑县，同时在春分、秋分、夏至和冬至的那一天午时，测量日影。最后根据计算结果，得出子午线每一度的距离为三百五十一里零八十步。

最大的天文台。唐朝时天文历算更有很大进步。政府设有太史局（这个机构的名称屡变，浑天监、浑仪监、司天台、太史监皆是其名），长官为监或令，下有天文博士、历博士和天文观生、历生等，掌管天文，制定历法。唐太史局规模是历代王朝中最大的，曾拥有各种天文人员一千多人。算学则属于唐官学的一种，隶属国子监，教师称算学博士，并配以助教。学生学成后，可通过科举考试，谋取官职。

2. 历法学

唐朝有名的天文学家有傅仁均、李淳风、僧一行等。

傅仁均曾制订戊寅历，施行于唐初。

李淳风。曾用铜制成黄道浑仪，第一仪名曰六合仪，第二仪名曰三辰仪，第三仪名曰四游仪。又评论前代浑仪得失，著书七卷，名为《法象志》，他是太宗时有名的天文算学家。高宗时他又制订《麟德历》，颁行于当时，以取代过时的《戊寅历》；但他在史书中又被描写成一个预言家，他曾经预感到不久将有武则天乱唐的灾难，便推算起来。推算得忘了情，一直推演下去，直到被另一位叫袁天罡的术士推了一下后背，道："天机不可泄漏！"他这才罢手，但这时他已经推到千年之后了，遂流传下来《推背图》一书。

僧一行。俗名张遂（683—727）。在有名的学问家尹崇的推举下，成了长安城里的名学者。武三思想借名流学者来抬高身价，要和张遂交朋友。张遂不愿意和武三思同流合污，便假托有病，闭门不见。后来为了摆脱武三思的纠缠，就逃到河南嵩山的嵩阳寺，当了和尚。他先后在嵩山、天台山研究佛经和天文历算。曾翻译《大日经》等典籍，一度为密宗大师。他的主要成就是主持编制《大衍历》。《大衍历》中描述太阳视运动的不均匀性，计算上创用不等间距的二次差内插法。还发明月亮位置和地理纬度不同而产生的视差对交食影响的近似计算公式。他主持全国十三个测点的天文测量，并根据南宫说等在河南四个测点间得出纬度相距 1 度、南北相差 129.22 千米的数据，测定出子午线一度之长，是世界上第一次实测子午线的长度。僧一行还测出冬至前后日行最快，夏至前后日行最缓，并据此制订了大衍历。《大衍历》结构严谨、立法整齐，成为后世历法的楷模。其格式为后代历法家所沿袭仿效，直至明朝末年。他还与梁令瓒设计制造了能够直接测量黄道坐标的黄道游仪，用它测量了二十八宿距天球北极的度数，在世界上第一次发现了恒星位置变动的现象。僧一行根据南北各地实测北极高度和冬至、夏至日影短长的结果，推翻了过去“王畿千里，影差一寸”的说法，证明影差和距离的比例并不固定。

此外，在开元十三年（725 年）僧一行与梁令瓒合作，制成了以漏水转动的浑天铜仪。铜仪外络二轮，缀以日月，也能运行。仪体二十九转有余而日月会，为一月，三百六十五转而日周天，为一年。铜仪又有两个木人，一个每刻一击鼓，一个每辰一撞钟。这种既能表示天体运动，又能指示时间的仪器是后来天文钟的前身。

相传藏族的古历法是以月亮的圆缺来记日。后来唐朝文成公主和金城公主进藏，带去了先进的内地历法。藏历在吸收了内地历法的特点后，开始演变为以星辰的变化来记日。

当时中国历法，曾受到印度历法的影响。天竺人瞿昙罗曾在唐朝担任太史，高宗颁行《麟德历》时，瞿昙罗上《经纬历法》九卷，“诏令与《麟德历》相参行”。当僧一行撰《大衍历》时，瞿昙罗和陈玄景撰《九执历》，《九执历》虽未颁行，但《大衍历》曾在不少地方参考《九执历》，民间亦有采用《九执历》者。可见印度历法对唐代历法的影响，唐朝时曾吸取了印度历法的有益成分，改进了当时的历法。

3. 数学

《缉古算经》。是唐初数学家王孝通编写的，书中共设二十个数学问题，解这些问题需用到三次方程，甚至四次方程。第一次使用了解三次方程式的方法来解决一些复杂的工程计算问题，是一部比较高深的数学著作。

《算经十书》。唐朝在数学教育方面有长足的发展。656 年国子监设立算学馆，设有算学博士和助教，由太史令李淳风等人编纂注释《算经十书》作为算学馆学生用的课本。十部算经是：《九章算术》《海岛算经》《孙子算经》《五曹算经》《张丘建算经》《夏侯阳算经》《周髀算经》《五经算术》《缉古算经》《缀术》，对保存古代数学经典起了重要的作用。此外，隋唐时期由于历法需要，创立出二次内插法，为宋元时期的高次内插法奠定了基础。而唐朝后期的计算技术有了进一步的改进和普及，出现很多种实用算术书，对于乘除算法力求简捷。

武则天时期还将数学列入科举考试的科目。但是在唐朝，数学虽被视为“通儒”必备的一项，然而“可以兼明，不可以专业”。就是说，有知识的人不能以数学为专业，这就大大妨碍了这门科学的发展和传播。

二、医　学

隋唐时期，特别是唐代，是中国封建社会的鼎盛时期，医药文化也绚丽纷呈，医药学思维活跃，内外交流频繁，出现空前昌盛的局面。以前只以局部地区或个人经验从事医疗实践和著述活动的局面已被打破。全面综合整理以前的医学成就，吸取当代医家、人民群众和来自外国和兄弟民族的有效方药和经验，在总结新经验和吸收新成就的基础上，继往开来，为医学的理论和实践在更高的层次上继续发展奠定了新的基础。

医药学术和疾病防治的研究，趋向深入细致，对每一类疾病和每一症候的病因、病理、临床表现等，在更深的层次中提高了认识，治疗的针对性更强，也更为有效。

佛、道、儒学的发展对医学和医学家也产生重要影响，佛经中若干医学思想和医疗经验，道家的养生学说等，曾为隋唐医学广泛吸取。

1. 医学教育

这一时期还形成了较完整的医学教育体系，同时注意医药学术和防治知识的规范和普及，培养医学后继人才，促进医药卫生事业的发展。唐代，从中央到地方已形成了较为完整的医学教育体系。还吸收外国留学生入学，从而极大地促进了医学整体水平的提高，对后世学校式医学教育的发展起了奠基作用。

624年，唐廷在首都设立了较完善的医学校——太医署，比意大利9世纪才建立的医学校早二百多年，分科也较细致。太医署中还设有“药园”以培养药学人才。自629年开始，唐代各州都相继设立了医学校，说明我国古代医学教育有了很大的发展。

隋代曾编撰《四海类聚方》二千六百卷，摄其要三百卷，颁行天下，到唐代先后编有《广济方》《广利方》等颁行，对普及医药知识、促进卫生事业发展起了良好的作用。唐廷还派苏敬等人主持修订并颁布了《新修本草》，载药物八百五十种，是我国由政府颁行的第一部药典，比欧洲最早的佛罗伦萨药典早八百多年，使药物学在新的时代有了新的规范，并作为学校教材。

2. 医学经典

隋唐医学在分科治疗方面有新的发展。当时已有体疗（内科）、疮肿（外科）、少小（小儿科）、耳目口齿科，还有针科和按摩科等。有一些著名的医学家写出了很有价值的著作。

隋炀帝大业六年（610年），巢元方等集体编著的

《诸病源候总论》，共五十卷，分六十七门，详记了疾病的病源和症候共一千七百二十种，是世界上第一部详论疾病的病源和症状的著作。其中关于认为传染病是由外界的有害物质因素“乖戾（反常的意思）之气”所引起，以及关于过敏性皮炎的记载和寄生虫的描述等，都体现了唯物主义的病因论观点。概述“金疮肠断候”一节所记载的肠吻合手术，是外科学上的重要创造。这本巨著对后代医学影响很大。

隋唐之际的甄权和甄立言也都擅长医学。甄立言撰有《本草音义》七卷，《古今灵验方》五十卷。甄权尤擅长于针灸，唐太宗曾向甄权询问药性。隋鲁州刺史库狄，患了风痹病，手不能拉弓，甄权替他诊治，“针其肩隅一穴，应时即射”，足见当时针灸医术的高明。甄权撰有《脉经》《针方》《明唐人形图》各一卷。

隋末唐初的孙思邈（581—682）以毕生精力贡献于医药学。他特别注意发扬我国古代医师的优良传统。他认为：“人命至重，有贵千金，一方济之，德逾于此。”他所著的《备急千金要方》三十卷和《千金翼方》三十卷，载有药物八百多种，并详细记载了二百多种药物的采集和炮制方法等，收载了药方五千三百多个，其中有许多民间药方，如用动物的甲状腺治疗甲状腺肿大，用牛羊肝治夜盲症等，对药物学做出了很大贡献。特别是对于瘿疾、脚气等的治疗有较大的贡献。他还重视特效药的研究和药物的采集方法，后人称他为药王。孙思邈首创复方，是又一重大贡献。

752年，王焘（约670—755）编成《外台秘要》，四十卷，分1104门。他总结了唐以前的医方，并广泛收集了民间验方。该书共载单方六千九百多个，内容丰富，至今仍有参考价值。

841—846年间，蔺道人著《仙授理伤续断秘方》。这是我国现存最早的伤科专著，书中详细叙述了骨折的处理步骤和治疗方法，如复位后用衬垫板固定并注意关节的活动等，至今仍有实用价值。该书还为中医的伤科用药奠定了理论基础。唐高宗时，苏敬等人受命重修《本草》，共五十四卷，称《唐本草》。《唐本草》改正了陶弘景《本草经集注》里错误记述的药物四百多种；在新增加的一百一十四种药物中，有不少是从波斯和南海传来的。

3. 炼丹与医药

唐朝把道教奉为国教，不少帝王热衷于炼丹饵药，炼丹道士出入宫廷，出现了不少炼丹家和炼丹著述，其中许多有关制药和化学的知识及技术已相当成熟。此外，也掌握了在炼丹过程中，用调节炭量和燃烧时间来控制温度的经验；炼丹中所得到的化学药物，在唐代医药学上也得到广泛应用。

孙思邈在《千金方》中所记载的“飞水银霜方”和

"太一神精丹"的制备，以及《唐本草》记述的齿科填充剂（即用汞合金补牙）的技术，都真实地反映了炼丹术和医药相结合的情况。孙思邈在《孙真人丹经》中载有混合硫磺、硝石（硝酸钾）各二两，再加入炭化了的皂角（一种豆科植物的荚果）三个的"伏硫磺法"，即混合硫磺、硝酸钾和碳，制成火药，这是世界上关于火药的最早的记载。火药的发明是我国人民的重大贡献，对世界文明的发展有深远影响。

4. 医学的交流与融合

文成公主入藏时，曾带进医方百种，诊断法五种，医疗器械六种，医学论著四种。有关的论著，曾由汉族医僧圣天及藏族译师达玛郭恰综合编译成第一部藏文医书《医学大全》。《医学大全》编成后不久，唐朝名医韩文海、天竺名医巴拉达兹阿、大食名医嘎列内先后应聘入藏。他们除各有著述外，还合编了综合性医学著作《无畏的武器》七部，献给藏王松赞干布。后来，这些医书均被译成藏文，流传于西藏各地。唐景龙四年（710年），金城公主入藏嫁给吐蕃王朝第四代藏王赤德祖赞，再一次促进了汉、藏民族间的文化交流。据文献记述，唐金城公主入藏时带进的大批医药书籍，由汉族医僧与藏族译师共同译成藏文，并吸收西藏民间及外国医学经验，编成藏医名著《月王药诊》。因《医学大全》及《无畏的武器》均已早佚，故《月王药诊》成为中国现存最古的藏文医籍。

隋、唐时，国外的医药学也传到中国来，对中国医学的发展起了有益的作用。《隋书·经籍志》中所载医书，有《龙树菩萨药方》四卷、《婆罗门诸仙药方》二十卷等，唐时更有波斯人李珣所著《海药本草》，这些医药书籍的传入，对我国医药学的发展，曾有一定的作用。唐朝诗人刘禹锡，曾请印度医生治眼病，并有《赠眼医婆罗门僧》诗云："三秋伤望眼，终日哭途穷，两目今先暗，中年似老翁。看朱渐成碧，羞日不禁风。师有金蓖术，如何为发蒙。"大秦（东罗马）的医术，唐时也传入，故史言"大秦善医眼及痢，或未病先见"。这些传入的医学，都一起加入了中国的医学宝库中。

三、建　　筑

唐代的建筑发展到了一个成熟时期，形成了完整的建筑体系。它规模宏大，气势磅礴，形体俊美，庄重大方，整齐而不呆板，华美而不纤巧，舒展而不张扬，古朴却富有活力，正是那个时代精神的完美体现。

1. 都城长安

隋唐期间兴建了规模巨大的长安城，它是经过隋代建筑家宇文恺、高龙义和唐代建筑家阎立德等设计建筑的。

城周长达 35.5 千米，建制严密，规划整齐，气势宏伟，最宽的大街宽达 150 米，干道亦在 30 米以上。唐代的长安城有居民 120 万人，不仅是当时我国政治、文化中心，也是东西各国文化交流的重要都城。成为当时世界上最为繁华、最为富庶和文明的城市，为各国人民所向往。

唐长安城是在隋大兴城的基础上建成，面积 83 平方千米，是今西安市区（明西安城）的八倍。长安城中“百千家似围棋局，十二街如种菜畦”，宫苑相连，街坊纵横，规划方正，布局合理。唐长安城由外郭城、宫城、皇城和各坊、市等组成。宫城和皇城在外郭城北部的中间，宫城在北，皇城在南。东、西两市分别在皇城的东南和西南方。街坊排列整齐，整个城市布局规整、严密、封闭，基本以中轴线形成左右对称。

唐长安外郭城东西长 9721 米，南北宽 8651.7 米，周长 35.5 千米，城墙厚度一般为 12 米左右，现仅有很少残存。在城门两侧及转角处的墙面原砌有砖壁，城墙有壕沟环绕一周。宫城在外郭城北部正中位置，南北长 1492.1 米，东西宽 2820.3 米，周长约 8.6 千米，其中部为太极宫、太极殿，是皇帝处理国务的正衙所在。皇城在宫城正南，南北长 1843.6 米，东西宽与宫城相等，周长 9.2 千米。其南沿正中为朱雀门，向南为朱雀大街，是整个长安城的中轴线。皇城内是中央各个衙署的所在地，长安城内有南北向大街 11 条、东西向大街 14 条，街面宽阔，其中最大的朱雀大街宽达150～155米，颇为壮观。城内共划成110个坊，布局十分规整。商业区东、西两市的位置也很合理。街道两边树木成行，城内还有4条渠道流经，供应用水。长安城除了宫内的皇家圃苑，还有著名的风景区曲江池，为这个繁华、喧闹的大唐帝国的首都平添几分秀色。总之，长安城在分区、街道、绿化和水道等方面都有完整的规划。东西对称的布局，棋盘式的街道，宫殿、衙署与坊市的分置，封闭式的里坊和集中的市场，构成了长安和这一时期重要城市布局的特色。

长安宫城、兴庆宫和外郭城北的大明宫，称为“三大内”。大明宫在唐高宗时建成。它的正殿含元殿面阔十一间，进深三间。阶基高出平地四十余尺。宫内的麟德殿分为前、中、后三殿，高低错落，用重廊把大殿和左右的楼、亭连接在一起，结构复杂，规模宏大，可以适应不同规模和性质的宫廷活动。

2. 赵州桥

隋代工匠李春于开皇大业年间（581—618）主持设计制造了著名的赵州安济桥（在今河北赵县洨河上）。这是一座单孔敞肩石拱桥，桥全长64.40米，桥面宽10米，净跨径37.20米，拱圈共高7.23米。所采用的敞肩结构为世界桥梁工程的首创，是古代桥梁工程的杰出成就，比欧洲兴建同类的桥早了700多年。千百年来，安济桥虽饱经风霜，但至今仍十分坚固，比较完整地保持着原来的结构，在我国桥梁建筑史和桥梁建筑学上都有重要的意义。

从整体来看，它是一座单孔弧形桥，但却由28道拱券纵向并列构成。特别是在大拱的拱肩上各建造了两个拱，即敞肩拱，这就使其比实肩拱显得空灵秀丽，使石桥的造型分外美观，远远望去，如“初月出云，长虹饮涧”。安济桥在建造上也有其独到的特点：桥身为单孔，跨度大，而弧形平缓，既节约石料，又便于行人和车辆行走；敞肩拱的运用，不仅增加了排水面积，减少了水流阻力，而且又节省石料，减轻了桥身重量，增加了桥的稳定性；采用纵向并列砌筑法，每道拱券可独立站稳，自成一体，既便于施工、节约工料，又便于单独修补。

安济桥两边的栏板和望柱上，雕刻着各种蛟龙、兽面、竹节和花饰等，刀法苍劲有力，风格豪放新颖，其中栏板浮雕的龙最为精彩，有奔龙、交颈龙、穿石龙等各种姿态，变化多样。构图巧妙，造型遒劲、洗练，富于装饰性。——这一切，都充分体现了封建社会发展上升时期蓬勃的生命力。

3. 大雁塔

大雁塔位于西安和平门外四公里的慈恩寺内，初期也叫慈恩寺塔。唐高宗永徽三年（652年）由唐僧玄奘创建，用以存放其由印度带回的佛经。大雁塔初建为 5 层，高 180 尺。武则天时重建，后经兵火，五代后又行修缮，为 7 层，即现存塔状。塔高 64.7 米，底边各长 25 米，整体呈方形角锥状，造型简洁，比例适度，庄严古朴。塔身有砖仿木构的枋、斗拱、栏额，塔内有盘梯可至顶层，各层四面均有砖券拱门，可凭栏远眺。塔底正面两龛内有褚遂良书写的《大唐三藏圣教序》碑，四面门楣有唐刻佛像和天王像等，为研究唐代书法、绘画、雕刻艺术的重要文物，尤其是西面门楣上石刻殿堂图显示的唐代佛教建筑，是研究唐代建筑的珍贵资料。

4. 佛光寺

唐代的木构技术已经达到相当成熟的水平。山西五台山的南禅寺建于建中三年（782 年），是我国现存最早的木构建筑物。

山西五台山佛光寺创建于北魏孝文帝时（471—499），建成于唐宣宗大中十一年（857 年），是现存较早，规模较大的唐代木构建筑。按五代时记载，寺内曾有三层七间高九丈五尺的弥勒大阁。依地势推测，大阁可能建于现在的第二层平台上，为全寺主体，当时与东大殿并存，极为兴盛。从寺内遗迹看，宋、金、元、明、清各代也都有修建。现存寺内的唐代木构、泥塑、壁画、墨迹，寺内外的魏（或齐）唐墓塔、石雕荟萃一处，相互映衬，是我国历史文物中的瑰宝，在国内外享有很高的声誉。

东大殿是该寺的主殿，位于最上一层院落，在所有建筑中位置最高，而且雄伟庄严，大有俯瞰全寺、压倒一切的气派。大殿面阔七间，进深四间，单檐庑殿顶，总面积为677平方米。正殿外表朴素，柱、额、斗拱、门窗、墙壁，全用土红涂刷，未施彩绘。大殿出檐深远，殿顶用板瓦铺设、脊瓦条垒砌，正脊两端饰以琉璃鸱吻。殿的平面由檐柱一周及内柱一周合成，分为内外两槽。外槽檐柱与内柱当中，深一间，好像一圈回廊；内槽深二间广五间的面积内别无立柱，内槽大梁（即四椽栿），是前内柱间的联络材。殿的梁架，分为明栿和草栿两大类，明栿在天花板以下，草栿不用斧斤加工，在天花板以上。天花板都做极小的方格，与日本天平时代（相当我国唐中叶）的结构相同，这也是大殿为唐建的例证。平梁上面用大叉手而不用侏儒柱，两叉手相交的顶点与令拱相交，这种做法是汉唐时期建筑固有之规定，在宋元以下是没有的。柱头卷杀作覆盆样，前檐诸柱的基础上均有覆盆，以宝装莲花为装饰，每瓣中间起脊，脊两侧突起椭圆形泡，瓣尖卷起作如意头，为唐代最通常的作风。总之，东大殿表现了结构与艺术的高度统一，具有我国唐代木构建筑的明显特点，它虽然比南禅寺正殿晚七十五年，但规模远胜于彼，且在后世修葺中改动极少，所以国内一般都将东大殿作为仿唐建筑的范例。

5. 唐代的砖瓦建筑

唐中叶以来，砖瓦建筑在南方各城市逐渐推广。广州、苏州、洪州（今江西南昌）等地的竹木建筑开始为瓦房所代替。成都、江夏（今湖北武昌）等地的城墙开始包砖。

唐代的瓦分为灰瓦、黑瓦和琉璃瓦三种。灰瓦较为疏松，用于一般建筑。黑瓦质地紧密，经过打磨，表面光滑，多使用于宫殿和寺庙。长安大明宫出土的琉璃瓦以绿色居多，蓝色次之，并有绿琉璃砖。唐朝重要建筑的屋顶，常用叠瓦脊和鸱尾，其鸱尾的形制比之宋、元、明、清各代远为简洁秀拔。唐瓦当则多用莲瓣图案。还有用木做瓦、外涂油漆和“镂铜为瓦”的。此外，唐代建筑的屋顶坡度较缓，屋顶曲线恰到好处，歇山顶的房屋收山很深，并配有精美的悬鱼；较重要的建筑都用线条鲜明的筒瓦，在屋脊上还常用不同颜色的瓦件“剪边”，更加突出了屋顶的轮廓。以上这些，再加上雄健的斗拱，深远的出檐，素雅的外墙粉饰和带“侧脚”“生起”的立柱，便形成了大唐建筑高贵富丽的形象。

四、印刷术与造纸

唐代初期，生产有了发展，经济得到恢复。政治上进行了一些改革，废除魏晋以来的贵族世袭官制而代之以科举取士，教育得到普及，促进了科学文化的发展，从而使雕版印刷在唐代得到应用和初步的发展。唐代政府注重收集图书，社会上藏书增长迅速。与此同时，私人藏书的数目也在日益增多，已出现了万卷以上的藏书家。文化的迅速发展，逐渐暴露出只靠手抄书与图书需求的迅速增长是极不相适应的，人们迫切需要一种新型的、高效率的图书复制技术。于是雕版印刷在唐代得到应用，并且有了初步的发展。

1. 雕版印刷术

雕版印刷，系由印章、石刻等发展而来。中国使用印章由来已久。至于石刻，太早的不谈，即就秦始皇统一中国后巡行各地的石刻，就有峄山、芝罘、琅琊、碣石、会稽等处，王昶的《金石萃编》中，还收有《峄山石刻》摹本和《泰山刻石》《琅琊台刻石》的残刻。及至东汉熹平四年（175 年），又曾将儒家的五经文字，刻石立于太学门外，这就是最早的《石经》。故中国镂石刻字的经验和技术，早就相当发达。魏晋南北朝时，还出现了反刻的砖志和神道石柱，这也给予雕版以很大的启示。雕版印刷术，正是从镂字技术发展而来。我国雕版印刷术的发明大致是在隋末唐初，唐初玄奘曾用来印刷佛像，但使用还很不普遍。文宗大和九年（835 年）冯宿的《禁版印时宪书奏》说："当时剑南两川及淮南道（约今四川省及湖北、安徽、江苏的淮河以南、长江以北等地区）的市场上都有版印的日历书出卖。每年司天台的新历尚未颁布，这些版印日历已充满全国了。"这一材料说明，那时雕印的历书已广泛流传。

雕版印刷即将文字、图像雕刻在平整的木版上，再在版面上刷上油墨，然后在其上覆上纸张，用干净的刷子轻轻地刷过，使印版上的图文清晰地转印到纸张上的工艺方法。雕版印刷所用的雕版材料主要是选用纹理较细的木材，如枣木、梨木、梓木、黄杨木等。雕版印刷的工作流程分为三步：首先，是雕刻印刷版。一般是请书法很好的人写版，即将要雕刻的内容先写在一张纸上，然后将写好的纸稿反贴于预先准备好的木板表面，给予一定的压力，使文字或图像呈反向转移到木板上，再由雕刻工人雕刻成反向凸起的文字或图像。校正无误后就准备进入下一道工序。其次，是刷油墨。先将雕刻版（称印版）固定在一个台面上，用刷子沾上油墨均匀地涂布在印版的表面，从而完成刷墨的过程。最后，就是印刷。印版刷好油墨之后，就在刷好油墨的印版表面覆盖上一张纸，用干净的刷子轻轻地拍打整个纸面，揭下纸张之后便完成了一次印刷。然后重复刷油、印刷两过程，从而完成大批量的印刷品。

现存的最早的雕版印刷品，是咸通九年（868年）王玠印造的《金刚经》。经卷高约三厘米，长约五米，由七个印页黏结而成。卷首是一幅扉画，后面是《金刚经》正文，画和文字都刻得很精美。刀法的纯熟和印刷的清晰，足证当时的刻印技术已经很成熟。现存的唐代印刷品实物还有乾符四年（877 年）历书及中和二年（882 年）历书等。1953 年在成都望江楼附近唐墓中出土的龙池坊卞家印卖《陀罗尼经》，是国内现存的最早印本。

在印刷品的版式方面，也是随着印刷工艺的提高而不断改进的。初期的印刷品是单页形式，版式也不固定。这时的版式主要是上图下文，版面呈矩形，符合黄金分割比例。后来出现的印刷品，虽然是整部书或整卷佛经，但仍采用写本的卷轴装帧形式，除高度统一外，在宽度方面比较随意，一般以单张纸的宽度为准。到了唐代后期，由于出现了旋风装、经折装和册页等书籍装帧形式，版面的形式也就因此而得到了统一。

2. 印刷术的推广

最初刻印的书籍是当时社会上需要量最大的佛经、天文历算、小学韵书及占宅相墓、阴阳杂记等内容。

就刻印地区而言，当时的成都和扬州应是印刷业的两大中心。现存不多的几件唐代后期的印刷品中，凡标明了刻印地点的，都是成都或成都地区即“西川”刻本。1944 年出土于四川大学校园内的唐印本《陀罗尼经咒》是世界上现存最早的印刷品之一，与日本奈良塔内所存《陀罗尼经咒》的四种印本同一时代。唐朝末年，印刷术已流行于东川、西川、淮南、江南、浙东、江西和东都等地。出版的书有字书（如《玉篇》）、韵书（如《唐韵》）、历书、佛经、咒本和阴阳杂记、占梦、相宅、九宫五纬之类的术数书。

五代时期，巴蜀仍是印刷中心。后蜀宰相毋昭裔因幼时家穷，借书于有书之家，常受白眼。于是发愤有钱后一定要广印书籍。他为相后，就主持雕版刻印了《九经》《文选》《初学记》《白氏六帖》。这是目前所知的我国古代第一批刻印的文学总集和类书。

我国印刷术发明之后，就逐渐向国外传播，向东传到朝鲜、日本，向南传到越南、菲律宾等东南亚各国，向西经伊朗、埃及传到欧洲各国。因此，世界各国的印刷术，可以说是由中国直接或间接传去的，或是在中国印刷术的影响下发生发展起来的。印刷术的传播是世界各民族文化交流最重要的手段之一，有了印刷术才有生产大量书籍的可能，才能为普及文化、传播知识提供有利的条件。

朝鲜是最早接受我国印刷术的国家之一，7 世纪时，朝鲜经常派留学生来中国学习，回国时往往带走大批书籍，甚至雕版，被作为礼物或商品输入朝鲜。他们在中国学到许多工艺技术，后利用本国特产的好纸、好墨，仿照中国开始雕版印书。1966 年发现于韩国的我国唐代武则天时期的雕版印刷经卷《无垢净光大陀罗尼经》。据印刷史家考证，其印刷年代应为704—751年之间，为唐朝长安的印刷品。

7世纪日本掀起学习中国的热潮，多次派遣使者、和尚及留学生到中国学习，吸收中国文化。他们回国时带去很多物品，如铜镜、刀、尺、毛笔、墨砚等，也带回印本书籍。中国印刷术传入日本的确切时间，说法不一。

3. 造纸业的重要发展

由于印刷业的发达，对于纸的需要量急增，刺激了造纸业的发展。

造纸原料的日益扩充。六朝主要用藤纸和麻纸，唐主要用楮纸。造纸业的发达使纸材消耗量不断增加，于是改变纸材选择对象势在必行。用楮为原料造纸是造纸业的又一大进步，以致“楮”可作为“纸”的代称。

唐代官用文书用藤纸、麻纸，有黄、白、青及五彩等颜色。官府文书用纸有严格区别：皇帝诏书用白藤纸；军旅用黄麻纸；道观用青藤纸；将军、宰相的委任状用金花五色绫纸；给少数民族将领、宰相等的文书用五色麻纸。唐民间用麻纸、藤纸写经，需要量很大。日用纸都是楮纸，消耗更大。

造纸法的日益完善。用帘（织竹为帘）纹纸，是造纸业的重大进步。它经过了漫长岁月，考古发现晋代已有帘纹模纸，但南北朝以后布纹模纸也没有废止，唐代尚有些许，到宋就完全绝迹了。而在这一漫长的发展过程中，唐朝是最重要的阶段。唐代卜天寿抄《论语郑氏注》、唐《西州营名籍》等十六种纸均为帘纹纸。可见唐时造纸法已为帘纹纸所统治，布纹纸只是历史的残余而已。

纸品和产区大增。唐代纸的品种极多，远超前代，产纸区也遍布南北。如越州（治今浙江绍兴）的剡藤、苔笺；扬州（治今江苏扬州）的六合笺；韶州（治今广东韶关市西南）的竹笺；蒲州（治今山西永济市西）的百日油细薄白纸；抚州（治今江西抚州市西）的滑薄（以藤造）；宋州（治今河南商丘市南）、亳州（治今安徽亳州）间出产织成道界的绢素，称“乌丝栏”“朱丝栏”，还有茧纸。最著名的纸是“益州麻纸”。麻纸有黄白两种：白麻经过漂白，比较美观；黄麻则加入了黄檗树皮，用它书写可避蛀虫。故唐朝规定“益州黄麻”为宫廷用纸，仅中央图书库——集贤院每月就要用五千番（张）蜀郡麻纸。还有广都（今四川双流东南）的楮纸，即皮纸，纸价低廉实用。至于蜀中的“鱼子十色笺”很受文人欢迎，其中又以女诗人薛涛用浣花溪水制作的薛涛笺最享盛名。薛涛笺的特点是小张，便于题诗，笺纸有十色，上有花纹图案。

中国的“四大发明”最早传出的是造纸术。8 世纪，也就是在大食第三任正统哈里发奥斯曼派遣使节来唐的大约一百年之后，外部世界的第一个造纸作坊就出现在撒马尔罕（今乌兹别克斯坦塔什干附近）。《旅程和王国》一书中有这样一句话："纸是由俘虏自中国引入撒马尔罕的。"在时间上前后几乎相差无几，同时期巴格达也出现了造纸作坊。巴格达也好，撒马尔罕也好，造纸技术都是由来自中国的工匠师傅传授的。

五、地　理　学

隋唐地学的发展主要表现在两个方面，一是游记和域外地理著作的大量出现，二是地图的制作日趋成熟。随着隋唐时期经济的不断发展，中原与外域的交流日益扩大，使得地图的绘制也前进了一大步，并具备了相当科学的方法，撰成于610年的《区宇图志》是隋朝官修的一部地理书，共一千二百卷，卷首有图，叙山川则卷首有山水图，叙郡国则卷首有城郭图，叙城隍则卷首有公馆图。

到了唐朝，地理学就更为发达，著述很多。有贞观年间魏王李泰命臣僚所撰的《括地志》五百五十卷和《序略》五卷，有长安年间所著《十道图》十三卷，有开元年间的《十道图》十卷，有高宗时命许敬宗所撰《西域图志》六十卷，其尤著者，有贞元宰相贾耽所著《地图》十卷、《皇华四达记》十卷、《古今郡国县道四夷述》四十卷、《关中陇右山南九州别录》六卷、《贞元十道录》四卷、《吐蕃黄河录》四卷，以及元和宰相李吉甫所著《元和郡县图志》四十二卷、《十道图》十卷、《古今地名》三卷等。

1. 魏王李泰《括地志》

征引六朝时地理书很多，张守节作《史记正义》，主要就是依靠此书以疏证古代地名。《通典》《太平御览》《太平寰宇记》等也常引用此书，惜此书亡佚于南宋时，现有清人孙星衍辑佚本，计八卷，远非原书面目。

2.《西域图记》

裴矩为隋末唐初的政治家，一生最重要的活动是为隋炀帝经营西域。当时西域诸国多至河西甘州（今甘肃张掖）与隋互市。大业元年（605 年）至九年间，他至少四次来往于甘州、凉州（今甘肃武威）、沙州（今甘肃敦煌）之间，大力招徕胡商，并引导西域商队前往长安、洛阳等地，以首都贸易取代边境贸易。裴矩深知隋炀帝远略野心，他尽力收集西域各国山川险易、君长姓族，风土物产等资料，绘制了西域四十四国的山川形势的地图和帝王庶人仪形服饰的图像，纂成《西域图记》三卷，地图上注记了各地险要，献予炀帝。这是一部有彩色画像、地图和详尽记述的地理著作。

3.《海内华夷图》

唐德宗时宰相贾耽（730—805）以裴秀的制图六体为指导，于 798 年绘成全国地图《九州图》；又于 801 年绘成据称“广三丈，纵三丈三尺”的《海内华夷图》。图上的一寸表示实际的一百里。内容丰富、位置准确、绘制技术全面，不仅继承了裴秀理论，而且还有创新。《海内华夷图》图中首创以朱、墨两色分注古今地名的方法。这个图虽然早已亡佚，但伪齐阜昌七年（1136 年）以此为底本缩制成的石刻《禹迹图》和《华夷图》，现仍保存于陕西西安碑林。《华夷图》中所绘我国山川及平面地形的轮廓，大致和今天的地图相近，这是流传下来的我国最早的全国地图。

4.《大唐西域记》

627—645 年，玄奘（602—664），通称“三藏法师”，俗称“唐僧”，本名陈祎。玄奘旅行中亚和印度许多地区，回国后于 646 年由他口述、辨机编写成《大唐西域记》，记述了沿途各地的地理和社会情况，是研究西域史地的重要文献，在世界地理史上有重要的地位。

5.《元和郡县图志》

宪宗时，宰相李吉甫（758—814）于 813 年编撰成《元和郡县图志》有志四十卷，目录二卷，共四十二卷。全书分十道四十七镇，详细记载了全国各州县的沿革、地理、户口、贡赋、物产、山川险易、古迹史事等。每镇篇首皆有图，图已散佚，文大部尚存。这部书是我国现存最早的全国地方志，史料价值很高。它叙事有法，内容丰富，翔实可信，体例最善，首创在州府下列出府境、州境、八到（按八个方位到主要城镇的距离和路线）、贡赋等内容，为此后有关志书纷相效法，沿袭成例。总之，它是对汉、魏以来地理志、图志和图经的继承和发展，是一部划时代的地理著作。《元和郡县图志》卷二十九中载有湖南郴县人民用温泉灌田一年可三熟的史实，说明唐代劳动人民已掌握在农业生产中利用地热。

6.《蛮书》

唐懿宗时，樊绰任安南从事（为安南经略使蔡袭幕僚）。由于当时南诏不断兴兵进攻内地，形势严峻，樊绰就注意当地社会民情，并亲自进行社会调查，以此为基础，参考了《云南记》《云南行记》，以及《汉书》《广异记》《夔城图经》等文献，编写成了《蛮书》十卷。书中全面而系统地记载了南诏（今云南地区）的途程道里、山川城镇、六诏历史、民族分布、各民族的生活习俗、土宜物产，以及南诏的经济、政治制度等。为研究唐代云南地区交通、山川、城镇，以及南诏和邻近各国的民族、物产、风俗、政治、文化的最珍贵的文献。

7. 水文

四川涪陵附近长江河床中的白鹤梁上，刻有标志长江枯水水位的石鱼图案，上有自764年以来一千二百多年间七十二个年份的长江枯水水位的标记，这是宝贵的长江水文资料，有重要的参考价值。

六、其他技术及发明

1. 制瓷技术的发展

原说制瓷技术源于制陶术，实则陶器为黏土制成，瓷器为高岭土所制。从新石器时代釉陶、白陶（都是高岭土烧制而成）等原始瓷器经东汉带釉的早期瓷器、到南朝的玻璃釉（即铅釉）瓷，烧瓷经过了漫长的发展。到唐代，制瓷术迈入了新阶段，主要是高火度烧瓷，有了划时代的进步。因制瓷技术的进步，瓷窑散布南北各地，其中名窑有越（浙江绍兴）、邢（河北邢台）、岳（湖南岳阳）、婺（浙江金华）、寿（安徽凤阳）、洪（江西南昌）、邛（四川邛崃）、大邑（四川大邑）和景德镇等。另外还有定（河北曲阳）、榆（山西榆次）、巩（河南巩县，今巩义市）、耀（陕西铜川）、西山（浙江温州）、长沙（湖南长沙）、潮（广东潮州）、琉璃厂（四川华阳）等窑。

越窑出青瓷，有铅釉和自然灰釉两种。其烧造之精，不减于景德镇之“假玉器”。越瓷有悠久的传统，久名于世。景德镇瓷则是唐代新兴的。

邢瓷白而类银，选料白，以铅釉的化学变化——银色彩虹翳为特征，与越窑齐名。邢窑白瓷小盆（瓯）风行全国，为各阶层民众所乐用。

越瓷青而类玉，瓷土质优而又显示青灰釉的特征。邢瓷类雪，越瓷类冰，就是越瓷比邢瓷的火度高，胎质坚硬。两者虽各有千秋，但毕竟制瓷发祥地瓯越的高火度还原焰烧瓷还是胜过邢瓷之低火度酸化焰烧瓷。

岳瓷虽青而不像玉，次于越窑与邢窑。寿瓷黄，洪瓷褐就又等而下之了。总之，瓷器因土质、施釉的差别和火度的高低而分甲乙。

邛窑用铅釉和自然灰釉的混合釉烧瓷，兼二者之长。至于大邑烧瓷则属于邛窑系统，亦不下于景德镇“假玉器”的新瓷制品，因而受到杜甫的赞赏：“大邑烧瓷轻且坚，扣如哀玉锦城传。”（《又于韦处乞大邑瓷碗》）

景德镇民陶玉于武德初装运瓷器入关中，贡于朝廷，因其晶莹剔透而号称“假玉器”，于是闻名全国。武德四年（621 年），景德镇民霍仲初奉皇帝诏命制瓷上贡。“假玉器”就是用玻璃釉（铅釉）高火度还原焰烧的瓷。

随着制瓷业的发达，至唐，瓷器逐渐取代了漆器而成为社会各阶层都应用的日用必需品。唐朝人认为作为器皿，铜不如漆，漆不如瓷。况且瓷可以普及而铜、漆无此优势。值得一提的是单彩釉的高峰——越窑秘色瓷，为唐瓷的极品。它的颜色被描绘成“九秋风露越窑开，夺得千峰翠色来”（陆龟蒙《秘色越器》）。不但五代吴越继承了这一优异的烧瓷技能，而且中原的后周柴窑（今河南郑州）的“雨过天青”（是指雨过天晴云破处那湛蓝的色彩）也是仿自越窑的青瓷，这为北方制瓷业谱出了新声。

2. 猛火油（即煤油）的应用

五代时已知将猛火油（即煤油）应用于战争。五代的吴，即曾遣使送猛火油于契丹，并告之用法说：攻城以此油燃火焚烧敌楼，敌人用水熄火，火更旺。胡三省引《南蕃志》说：蛮人水战，用之以焚敌舟。吴越亦知以猛火油用于战争，用铁筒装油发射。《吴越备史》卷二《文穆王》说：火油，得自南海大食国，以铁筒发之，浇水，则火焰更加旺盛。武肃王用银装饰筒口，万一为敌人获得，一定剥取银而舍弃筒，则敌人却得不到火油。不但吴、吴越知道了火油的这种使用方法，中原的后周王朝，也知道了“猛火油以洒物，得水则出火”这个道理。

3. 对海潮的掌握

唐人已知海潮由月球吸引作用而产生，并且观察到在夏历的初三、十八日潮最大，初十、二十五日潮最小。《封氏闻见记》还准确记载了潮水涨落的逐日推迟，“早潮翻为夜潮”，“夜潮复为早潮”，“周而复始”的轮转情况。另有窦叔蒙作《海涛论》，卢肇作《海潮赋》，言各成理。

第四章　思　想

佛教至隋唐已臻极盛；道教也十分兴盛，被唐尊为国教。隋唐五代，尤其是唐前期，佛、道二教既斗争，又融合，并与中国传统儒家相渗透，其触角伸及社会各个角落，在人们的精神生活中占有重要地位。隋唐是儒、佛、道三家思想冲突与融合的时代。其大势是表层上的三教斗争，深层上的三教合一。三教之争造成了佛教各宗的中国化；三教融合导致了儒学在沉寂数百年后的再度复兴，它汲取佛道二家的义理，挟佛教中国化之势，孕育出中华哲学思潮的新种——宋朝的理学。

为现实政治统治的需要，初唐开始将儒学与政治制度紧密结合起来。最典型的表现便是实行科举选官制度，于是儒家占据仕宦之要津。要想做官，就必须经过儒家思想洗礼。科举与经学的结合，使儒家真正在统治阶级站稳了脚跟，成为一种治国的行政学问，这比其具有的意识形态地位更有实际意义。正因为儒家的礼法刑政对治理国家是行之有效的，所以唐太宗李世民尊孔子为“先圣”“宣父”，命各州县置孔庙。儒学教育普及全国，各阶层子弟为入仕而奋发读经，儒学之盛空前。但由于未能吸纳更多的外来思想，仍沿袭了两汉的经学，因此其学术思想仍拘泥古训、墨守成规、了无新义，无法与概念丰富、体系庞大、逻辑缜密的佛教各宗派思想的相抗衡。因此，唐代整个思想界还是为佛教哲学思想所笼罩。

唐朝皇家大力推崇道教，并认道教始祖李耳为自己的祖先。唐高祖李渊于武德八年（625 年）定三教次序为：道、儒、佛。道士被当作皇帝的宗室看待，尊道实为尊李姓天下。唐思想界的冲突主要由道佛争议开始，且始终与宫廷内争相伴生。如唐高宗死，武则天规定佛教在道教之上，唐中宗复位又兴道抑佛。

唐中期儒学复兴运动中，一些关心国家命运的士大夫，除了提出改良政治的办法来振兴唐王朝以外，也注意从维护儒家的封建伦理道德方面来巩固统治。旗手韩愈从国防民生出发，陈述佛、道的弊端与祸害，提出了儒家的道统，公开在政治上反对佛教，并企图建立新的儒学体系，从根本上否定二教。

与三教冲突相伴生的是三教的相互融合。中唐以后，三教内部要求合一的呼声日增。僧人神清曾用儒经解释佛典。僧圆觉甚至说：“惩恶劝善，同归于治，则三教皆可遵行。”道教为助皇权，也自觉地援入儒家的礼法思想；

为增强自身的理论和逻辑思辨性，又引入大量佛教的理论。大儒李翱的思想散发着浓烈的佛学气息。思想大家柳宗元既信佛、入佛、对佛理融会贯通，又黜佛、出佛。与柳宗元相唱和的刘禹锡也是援佛入儒的思想家，他在吸取佛理中虚实相即、有无统一的思维方法之同时，又摒弃了佛教以空为本、以无为体的世界观。

隋唐是中国一个空前开放、气度恢宏的时代，各种外来的宗教得以生存和发展。而在各色各样唯心主义发达的同时，朴素的唯物主义思想家也不断涌现，他们有着很强的历史使命感，对封建学说以及迷信方术大声呵斥。

一、儒家的复兴

儒学不是宗教。它在政治上主张“仁政”，重视伦理道德教育。其政治功用历来为统治者所重视，其经典曾是封建统治阶级的最高教条，是中国封建文化的主体。而儒家也为了适应各个历史时期封建统治阶级的需要，演绎出各种应时的儒家学说来。在经历了南北朝以佛为先的旧制后，初唐的帝王开始全面恢复汉代的传统，将儒学与政治制度紧密联系起来。这一时期儒家思想有了很大的发展和变化，既有初期的“三教可一”，也有中期韩愈为排佛而倡导的儒家“道统”说。

1. 隋唐初期的儒家思想

王通的“三教可一”论。王通（584—617），字仲淹，龙门（今山西河津县西）人。是隋朝的大儒，祖上为西晋世家，家学渊厚。在短暂出仕不顺后，就致力于讲学和著述，唐代诸多开国名臣如魏徵、李靖、房玄龄等人曾先后拜他为师，可见王通的思想对后世有很大的影响。

王通提出了“三教可一”的思想，就是以儒家理论为基准，利用佛、道二教之所长，为实现儒家理想而服务。这一思想的基础就是“通变之道”，“道”是天道与人道的统一，天人合一之道就是“通变之道”，即事物之间既有发展又相互依赖、相互关联。天、地、人是“道”的基础，人是使道得以体现的依据，认为穷通变化不在天命，而在于人道，即人的社会要协调和遵循自身规律，并顺应天地，万物才能融合于自然的变化和发展。

他还举例说，魏晋名士嵇康与推荐他做官的山涛绝交，就是不懂得为官同样可以在现实政治中实践普遍的“道”的道理，总以为隐居山林，与自然同处就是明道，这才是不懂天人合一，不懂随处通达以应变的道理。

孔颖达儒道结合的思想。孔颖达（574—648），字冲远，冀州衡水（今河北衡水）人。奉太宗命与经学家颜师古等撰《五经正义》（一百八十卷）。编撰中，孔颖达对以往各种注疏做了全面的批判性总结，一方面调和数百年来南北经学家的争论，对其见解兼收并蓄；另一方面根据唐代社会思想状态做出新解，以求适应政治的需要。

孔颖达主编的《五经正义》，其思想大势仍未脱其所处时代的特征，即儒、释、道混合。但是，他明确地说明三教的位置，书中以儒学为主，兼取佛、道之说。诸多方面吸取了王通“三教可一”的思想，这对中唐时出现的“三教归儒”思想无疑产生了促发之作用。

《五经正义》一书中，各经正义的思想内容略有差别，但基本循儒学为主、儒道结合、佛说补缺之思路。其中以《周易正义》最能体现孔颖达的儒道结合思想，他以玄道之风王弼的注和淳然儒论韩康伯的注为蓝本，汇成此书，提出了诸多哲学意义上的概念，并做了新的抽象诠释，理清了相互关系。

孔颖达对唐代儒学复兴乃至宋明理学奠基，贡献甚大。他使唐代科举选官制度有了一部标准而规范的教材及“度量衡”，这便是为官必先读的《五经正义》。他以教育、选官、国家行政三者合一的方式，巧妙地将儒学与国家的日常行政、百姓的日常生计紧密地结合起来。教育为选官服务，吸引了大批各阶层学子为挤入仕途而皓首穷经；科举选官激励教育普及，给儒学在社会各阶层重新奠定了坚实的基础。只有到唐代，儒学才真正从两汉魏晋时的贵族门阀之学，变为平民之学。

孔颖达认为，“道”的社会性质就是“礼”，就是“名教”，它是儒学的主体思想。“礼”的实质是“贱事贵，卑承尊”，是强者优先的逻辑，是社会的等级制度。“礼”在天地未分之前就已存在，是一种“道”，是规律，是自然界和人类社会应该遵循的法则。天地、人类生成之后，“礼”为其规定尊卑之次序。尊卑的次序是自然生成的，类似人的生理本能。虽然“礼”在社会中的具体表现会因阶层不同而相异，但是美好的“谦逊”品德却是超越了尊卑、等级、高下的界限。

2. 儒家复兴运动中的思想家

由于思想观念的冲突，有不少儒家学者从不同角度来反对佛教，如唐初的傅奕，反对佛教无君臣父子，破坏了封建体系；李德裕则主要从国民经济立场上反对崇佛。而从理论上辟佛，建立一套儒家理论体系来与佛教对抗的，则是唐朝中期的韩愈和李翱，这一时期我们称之为“儒家复兴运动”。尤其值得注意的是韩、李的思想成为宋初道学的根源，开了理学的先河，是中国思想发展史上的一个重要的时期。

韩愈的思想。韩愈（768—824），字退之，河南河阳（今河南孟州南）人。自幼刻苦学习儒家经典，博览百家。尤其喜好汉朝司马相如、司马迁以及扬雄的文章，自己也主要以六经义旨为内容撰写文章。

韩愈在三十八岁时完成了代表新儒学思想的系列作

品《原道》、《原性》、《原仁》及《原鬼》，系统阐述了自己的理论，提倡忠君孝悌的孔孟之道，开了复兴儒学的先河。

韩愈从国防民生出发，陈述佛、道的弊端与祸害，并企图建立新的儒学体系，从根本上否定二教。为了反对佛教，韩愈提出了儒家的“道统”说。他指出，自孟子死后，儒家道统一直没有传人，并暗示：到他本人道统才又重新接上。韩愈说他的道是传先王之教，这个道包含“仁”“义”两个方面，也就是封建主义的国家法权、教化和道德原则。在其代表作《原道》中他是这样论述的：“一户农民要供应六户人的粮食，一户工匠要供应六户人家的器用，一户商人要供应六户人的物资。工作的人少，吃用的人多，老百姓如何不穷困。”这是从财政的角度指明出家人耗费了国家的财富。他还写道：“君主是发号施令的，官吏是奉行君主之命并以之施加于人民的，而人民则是生产粮食、布帛和器皿来为君主官吏服务的。”然而“佛教为求取所谓清净寂灭的境界，必然放弃君臣关系，割断父子亲情，并且不从事劳动生产”。这是从社会安定着眼，指出和尚、道士违背了封建伦理道德和妨碍了封建统治秩序。韩愈著《原道》，主张强迫和尚还俗，烧去佛经，改寺院为民房，以“先王之道”对还俗僧人实行思想改造。《原性》一书提倡孔子“性相近、习相远”之心性论。韩愈自己从感情上深恨佛道，不但从理论上辟佛，还从行动上以死谏迎佛骨。唐宪宗元和十四年（819 年），陕西凤翔法门寺有一块所谓佛骨，唐宪宗要把它迎回宫中供奉。韩愈作《谏迎佛骨表》表示反对，并提出销毁被视为佛门圣物的佛骨。因此而触怒了宪宗，几乎丧命，最后被宪宗贬作潮州刺史。韩愈在反佛的同时又辟道，除《原道》并论二氏（佛、道）外，在所作的《李干墓志铭》文中也极论金丹之害。应该说韩愈的一些主张还是有利于国计民生的。

韩愈的《原性》还继承和发展了汉代董仲舒的唯心论，尤重孟子的心性之论。认为人性是与生俱来的。性有上、中、下三品，情也分上、中、下三品，构成性的要素是仁、义、礼、智、信；构成情的要素是喜、怒、哀、惧、爱、恶、欲。以此对抗佛教“出世逃避”、道教“无欲无求”的理论，但也同时陷入天命论的世界观中。他认为贵贱祸福都由上天注定，人们对其只应敬畏顺从，因此老百姓理应顺从封建统治者，心安理得地接受剥削和压迫。他还竭力宣扬“天人合一”的思想，认为天能干预人事，人的行为也能感应上天，自然界的灾变和祥瑞表达了上天对人们的谴责和嘉奖。

李翱的思想。李翱（772—836），字习之，陇西成纪（今甘肃静宁西南）人。他是韩愈的学生、侄女婿李翱作《复性书》三篇，又与韩愈合著《论语笔解》。李翱与韩愈一样都尊崇孟子的学说，偏重于用心性之说来阐发儒学的真旨。他的著作一方面继承了孟子的唯心主义传统，一方面又输入了佛学内容，谈论性情比韩愈更深入，唯心论的观点也更彻底。

李翱所著《复性书》认为性本无善无恶，主张恢复本性。但李翱的思想已明显受了佛家明心见性说的影响，唯心色彩较韩愈为浓厚。他沿袭孟子的“人之初，性本善”的说法，认为无论圣人或凡人，他们的性都是善的。而情是邪妄的，圣人不为情所累，凡人则沉溺于情不能自拔。凡人只有不断祛除生活的情欲，不思谋，不忧虑，最后达到“寂然不动”“情性两忘”的境界，就恢复了善的本性。他反佛倾向不如韩愈，甚至借助佛学的思辨理论和方法，尤其是禅宗的思想来论证自己的观点。

二、佛教的鼎盛

综观中国佛教史事，汉魏为开始传入时代，两晋南北朝时虽传播普遍、信仰热狂，然佛学研究尚未臻于推陈出新之境，故可称为旧佛教之广播与新佛学之酝酿时代。至唐研精阐微，渐脱宗教色彩，达到纯哲学之境界，可谓为新佛学。隋唐三教融合的趋势，为佛教各宗的建立与发展创造了条件，佛教出现了中国化和“百家争鸣”的局面，进入了鼎盛时期。

1. 佛教的传播

唐代传播佛教文化，有两个最主要的人物，即僧玄奘和僧义净。他们主要的业绩是入天竺（印度）求法和翻译经典。

玄奘。玄奘（602—664）俗姓陈，名祎，洛州缑氏（今河南偃师缑氏镇）人，又称三藏法师。629年，他从长安出发西行，抱着不到天竺决不东归的决心，战胜了沿途的流沙、雪山、严寒酷暑等重重障碍，途经新疆、中亚和阿富汗，终于到达了巴基斯坦和印度。他在巴基斯坦、尼泊尔和印度北部游学了三年，后来到印度的佛教中心那烂陀寺，跟随戒贤法师潜心学习《瑜伽师地论》。五年后继续到各地寻访名僧求道，又过了五六年，他重新回到了那烂陀寺，并主讲《摄大乘论》，发表了重要论文《会宗论》。642年，戒日王在首都曲女城为玄奘举行了一次佛教经学辩论大会，共有十八国国王和几千名僧人参加。玄奘在这次大会上获得了极高的声誉。

玄奘在印度十五年，遍游五天竺，加上来回行程，终于在离别祖国十七年后，于645年回到长安。他带回了佛教经典六百五十七部，并组织机构专门翻译佛经。二十年共译佛经七十五部，一千三百三十五卷。他还根据自己的亲身经历撰写了巨著《大唐西域记》，共十二卷，记载了当时一百三十八个古国的风土人情，是研究这些地区和国家7世纪中叶历史的重要文献。

玄奘回国后，把老子的《道德经》译成梵文，送去印度。此前他还把唐朝流行的乐舞传入印度。玄奘为中印文化交流做出了不可磨灭的贡献。

义净。义净（635—713）俗姓张，名文明，齐州（治今山东济南）人氏。他于671年泛舟出海，到那烂陀寺学习十年，又到东南亚的苏门答腊搜求和抄写佛经，历经二十五年，足迹遍及三十多国，于695年回到洛阳。他取回梵文本经、律、论等近四百部，舍利子三百粒，武则天亲自在上东门外迎接。

义净在十八年中共翻译佛经五十二部，二百三十卷，又撰写《大唐西域求法高僧传》《南海寄归内法传》等五部书。在书中，他详尽介绍了当时南亚各国的佛教和社会生活方面的情况，也记载了当时去印度的中国僧人的经历。

直到玄奘和义净，中国人才能自己笔译佛经，佛经翻译的质和量均较前代有了很大提高。敦煌出土了大量唐朝人手写的经文，至今世上保存的佛经里以唐人的写本最多。因为印度造纸较晚，许多早期的经文都是写在贝叶上，所以印度佛经大都依靠口耳相传，留下的写本很少。大量在印度找不到的佛经，靠中国汉译本和藏译本保存了下来。

2. 佛教宗派的涌现

由于得到帝王的提倡，如唐太宗就曾亲制赞美佛教的《大唐三藏圣教序》，唐代的佛教自然就昌盛起来，一时西土传来和中土自创的佛教宗派如雨后春笋般涌现，各宗派都有自己的教义和寺院。隋唐时主要宗派有天台宗、法相宗、华严宗、净土宗、禅宗和密宗等。其中天台宗、法相宗和华严宗共称“教下三宗”，是佛学最高理论，都属大乘法门。

天台宗。是中国佛教史上最早建立的宗派，也是隋唐时期势力最大的佛教宗派之一。它的创始者智觊（538—597）汇合了北方的禅学与南方的义学，提出止（坐禅）、观（研究宗教理论）并重或称定慧双修的修养准则。天台宗崇奉《法华经》，所以又称“法华宗”。唐人认为诵读或书写它的人可消灾解难，所以我们看到在敦煌石室八千多轴经卷中，《法华经》竟占了五分之一。

法相宗。其经典是玄奘取经归来后，翻译而成的《成唯识论》，此宗教义烦琐，不易为一般人接受。它以《成唯识论》为研究的主要经典，以“明诸法体相”为追求哲理的方法，是层层深入讲明理、讲思维的学派，成为中国佛教最精深的大宗派。虽然于唐初曾在长安、洛阳风行了三四十年，但因不再受到统治者的重视，而逐渐衰落下去。

华严宗。又名“贤首宗”“法界宗”，它崇奉《华严经》，它的教义也比较烦琐，但是它强调宗教灵异，又宣传人人都能进入宗教幻想的幸福世界，所以特别富有欺骗性。

禅宗。然而佛教的真正中国化，是在禅宗出现以后。“禅”意思是“定”，即从定中生慧，求得解脱。梁武帝时由菩提达摩传入中国，是为禅门一祖。达摩传慧可，慧可四传至唐玄宗时的禅门五祖弘忍，弘忍又传了两个徒弟：北宗的神秀和南宗的六祖慧能。慧能（638—713）本来是不识字的厨下舂米和尚，因神秀作偈（佛教铭言）说：“身是菩提树，心如明镜台，时时勤拂拭，勿使惹尘埃。”慧能闻后，则另作一偈说：“菩提本无树，明镜亦非台，本来无一物，何处惹尘埃。”得到了弘忍的赏识，传给衣钵。慧能摆脱了天竺佛经的羁绊，自成一家，禅宗才真正在中国兴盛起来。慧能宣称：佛性就在心中，心外本无一物。只要认识到这一点，不需要累进修行，也无须大量布施财物，就可以顿悟成佛。也就是所谓放下屠刀，立地成佛的意思。禅宗主张不立语言文字，言下顿悟，直指本心，见性成佛。因此也就打破了一切规律，随意拈一件东西一件事，让人参悟。由唐入宋，有的禅宗大德（高僧）见面时就给人一棒，谓之“棒喝”；有的专讲究饮茶，从茶中寻味，参悟大法；有的翻穿袜子，令人想其中道理，甚至随意“呵佛骂祖”。对讲究仪规的佛教来说，这是一种解放，也是最彻底的唯心主义。禅宗的主要经典《六祖坛经》中记载：慧能与人在寺中见屋上风吹幡动，人问慧能，究竟是风动还是幡动，慧能答说“仁者（和尚对人的尊称）心动”，可见其唯心到了何等程度。但正因为禅宗没有仪规，又令人感到非常玄妙，正合乎好谈玄的中国士大夫阶层的口味，禅宗在文人士大夫之间流行甚广，对后来宋代的哲学新宗派影响很大，它使佛教进一步中国化了。此宗流传最广，也最久。

其他宗派。其他的一些宗派也得到了发展，例如净土宗因为方法简单，只要口念阿弥陀佛，现世就能得到长命安乐，永无病痛。尤其使受尽苦难的平民百姓能得到一时的安慰，便成为民间最流行的宗教信仰。而密宗在唐玄宗在位时很是流行，所供之佛多奇形怪状。密宗只注重仪轨及念咒，不谈玄理，最隆重的仪式叫“灌顶”。文成公主入吐蕃后宣扬的就是这一派，后来逐渐演变成为喇嘛教。律宗专主戒律仪规，以持戒得度，义净就是一个传律的大师。还有从扬州东渡日本的鉴真也是一位律师，他还是日本律宗的开山祖师。因律宗无法师、禅师等称号，故只称鉴真大和尚。

3. 佛法的东渐

由于唐代中日文化交流的频繁，佛教也随着唐文化传向日本。在日本大化革新的前夕，日本遣唐使就带来不少留学生和留学僧。现在西安南部的兴教寺是唐代的古寺，僧房栉比，就是当时日本留学生的宿舍。第一位日本留学僧僧旻，回国后任国博士，即为大化革新的第一位出谋划策的人物。进入奈良时代，唐朝的佛教各宗都在日本广泛传播；平安时代的佛教势力仍日益发达，已从单一的宗教信仰发展为佛教理论的研究。当时名僧有天台宗的最澄法师和真言宗的空海法师。空海来唐学习二十年，回国时带了一百八十多部佛经。空海还是日本字母《五十音图》的创造者。《五十音图》是用汉字草书为符号，按照印度的声明规律所制成，故名“假名”。并总论唐代诗文修辞理论，著《文镜秘府论》。空海是唐代中日文化交流的杰出使者。今福建霞浦尚有空海来华登陆的石碑。

同时，唐朝的僧人也开始东渡日本，传播佛教，其中贡献最大的是律宗的鉴真和尚。鉴真（688—763）俗姓淳于，扬州人。唐天宝元年（742 年）应日僧邀请东渡日本，经过六次努力，历尽艰险，终于在双目失明的情况下，于唐天宝十三年（754 年）携同弟子到达日本，把律宗转到日本发扬，并在奈良创建唐招提寺。鉴真还深通医学，把中医学带往日本，对日本医学的发展也有很大贡献。

总而言之，佛学是一种很精深的唯心主义哲学，基本上是唯心的、出世的，在政治上消极的意义多于积极的意义，常成为统治阶级麻醉人民的鸦片。隋唐统治者一贯大力提倡佛教。隋文帝一即位，就诏令全国百姓可任意出家当和尚，并下令按人头出钱，用来建佛像、写佛经。于是崇尚佛教成为时尚，以致民间佛经要比中国传统的“诗书六经”多出数千倍。武则天和唐中宗当政时期，不断批准人出家为僧，前后达数十万之多。虽经玄宗整顿寺院，淘汰僧尼，全国仍有 5258 座寺院，13 万僧尼。安史之乱后，社会动乱，统治阶级更加大力提倡佛教，以此麻醉人民。不过，由于唐朝时佛教的兴起而随之带来了印度的文明——医学、天文、艺术、文学、音韵、音乐等，并在汉民族思想上注入了新血液。自唐以后（实际上自南北朝已经开始）中国人的思想很难完全摆脱佛教的影响。这一时期的中国哲学思想发展的主流，基本上就是佛学在中国的发展史，就连宋明理学，在很大程度上也是受到禅宗和华严宗理论的影响。佛教兴盛，许多读书人都受了佛家思想很大的影响，如诗人王维、柳宗元、白居易等人均是佛教的同情者，以文学儒术为佛教护法，成为佛法的宣传者，因而推动了佛教的发展。

三、与皇权紧密联系的道教

像佛教一样，道家也有自己的一套丛书——《道藏》，玄宗时已有 3444 卷。但这套丛书更像是一部大杂烩，既有儒家的思想，又有神仙家的方术，还有佛家因果报应的学说。总体而言，隋唐五代的道教中并未出现像葛洪、陶弘景、寇谦之那样的宗师，更多的是术士一流。隋唐时期的道教兴盛与皇权是紧密联系在一起的，道教徒焦子顺曾帮助隋文帝杨坚夺得北周政权，后文帝尊他为天师并复兴道教。杨坚在朝中度道士两千余人，长安城内建有大小十座道观。隋文帝先是以皇权控制道教的活动与组织，再利用道教的星象学、风水术、历法等为其政治意识形态服务。隋初的历法就是道士张宾制定的，他还提出星象方面的证据来说明杨坚夺取北周政权的合理性。

唐初崇奉道教的动机也离不开神化皇权的因素。李氏攀上太上老君李耳（老子）为始祖，道教自然成为皇亲之教，教因权贵，权因教崇。唐太宗更是明文诏告天下说：老子是我的祖宗，名位称号都应在佛的前头，道士女冠也当排在僧尼的前面。唐玄宗提倡道教尤其卖力，他在741年下令长安、洛阳乃至各州都要建起玄元皇帝庙并崇尚玄学，招收学生学习道家经典，每年依照明经科例考试。此后唐朝的诸位皇帝都信奉道教，并定期服用道士煎制的金丹。那些政治上失意或年纪大了、嫁不出去的公主，也往往出家为道姑。

许多著名的道士为皇帝所宠信，其中有隐逸山林的司马承祯，有以法术著称的叶法善和张果等人。同时，许多知名的文人也信仰道教，像李白、贺知章以及施肩吾。由于道教多讲炼丹服食之术，因而主要在社会上层流行，其影响力反不及佛教。

对道教思想理论有较大创新发展的人物是初唐的成玄英、王玄览和司马承祯等人。

成玄英。成玄英字子实，陕州（治今河南陕县东北）人。早年隐居东海，贞观年间奉召到京师，加号“西华法师”。成玄英从道佛两教的宗教观点来研究《老子》和《庄子》，提出了带有亦释亦玄色彩的“重玄之道”理论。“重玄之道”源自《老子》所言“玄之又玄”一语，是《老子》论道的真髓、道教的精华所在。然而成玄英却是用佛学的论证方法来说明“道”与万物、“有”和“无”的关系，认为应当既不执着于“有”——具体的事物，又不陷入“无”——理念。他将“道”概括成了超越时空、超越有无的绝对本体。著有《南华真经注疏》《道德经义疏》等。

王玄览。王玄览（626—697）字晖法，广汉绵竹（今属四川）人。自十五岁起，就酷爱方术玄理，对道教及佛法经典均留心研讨。他是道教中第一个认为求仙不在炼形而在于求心的思想家，同时还是全面用佛教理论充实道教的代表人物。他的思想以“道”为最高范畴，分为“可道”和“常道”。前者代表万物的生生死死（为虚假），后者代表天地长久（为真实）。二者构成“道”之主体，真假共存，相生相克。著有《玄珠录》。

司马承祯。司马承祯（647或655—735）字子微，河内温县（今属河南）人。自号白云子，是南朝著名道士陶弘景的四传弟子。早年历游名山，后隐居在天台山玉霄峰，曾多次被武则天、唐睿宗及唐玄宗请至京师，为皇室讲解“阴阳术数之事”和“无为之旨，理国之道”。他是唐代与皇帝关系最为密切的道士，他受三教合一思想的影响，对道教理论加以改造，他系统地将佛教的止观学、般若学等引入道教。他不重炼丹、服食等修道之术，而参照佛教的修心理论和儒家的正心诚意的修养方式提出一整套“主静”学说。此学说实质上是儒、佛、道三教修养理论和正心方法的综合。司马承祯将其提升到理论层面，为后来宋代的理学提供了可资利用的概念、命题和逻辑方法。

谭峭。隋唐五代时还有一位谭峭，字景升，泉州（今福建泉州）人。从小就好求仙，居嵩山十余年，从事炼气辟谷之术。著有《化书》，论及老庄及儒家心性之理，曾说：“奇淫之极，男化为女；奇残之极，人化为虎。”有似儒家研究变化气质和佛家随业流转之说。谭峭更可能是一位道教的理论家，而非方士。

中国的封建帝王虽对佛、道两教同样迷信和同样利用，但在感情上对二者则有所不同。他们尊奉佛教是想借助无边佛法的威灵，希望佛法能够保护他们的江山，消除他们的罪恶，却不喜欢佛教的虚空寂灭，更不能忍受佛教的苦行修持。道教就不同了，长生不老而不废饮食和男女之乐，而且非常简便，只要求得不死药，或者让别人为之炼丹，合成后吃下去就会像淮南王刘安那样“白日飞升”，岂不快哉！

四、经中亚传来的域外宗教的流布及其影响

唐统治者深知宗教是维护封建统治的有力工具，对外来的宗教也一概欢迎。随着中西方交通的日益发展，西方的祆教、景教、摩尼教和伊斯兰教也在唐时相继传入中国。当时因为与西域交通，一批波斯、大食与西域诸国商人均聚集于长安。不但有许多珠宝胡商，甚至有不少西域人来长安开饮食店，如卖酒的胡姬。唐政权为了照顾这些人的生活习惯，尊重他们的信仰。允许他们建立自己的宗教活动场所。于是有所谓“三夷寺”，即祆寺、波斯寺和摩尼寺。

1. 祆教

又称“拜火教”，为波斯人琐罗亚斯德所创，古波斯语读作查拉图斯特拉。流行于波斯和中亚各国，后成为波斯的国教。它的教义认为：宇宙间有代表光明的善神和黑暗的恶神互相斗争，以火代表善神而加以崇拜，也拜日月星辰及天。祆教的教义，我们虽不甚了解，但其基本意图是号召为争取和平光明而斗争。后来德国唯心主义哲学家尼采写《查拉图斯特拉如是说》，即取义于此。隋时因流

布较广，特设“萨保（官名）府”管辖祆教。唐代祆教颇盛，信者渐多。在长安、洛阳、凉州（即甘肃武威）、沙州（即甘肃敦煌）等地的波斯和中亚商人建起了祆祠，仅长安城内就有四座祆祠。唐王朝还承袭隋朝的旧制，设置萨宝主祀祆神并管理祆教徒。武宗毁佛时，祆教也同遭禁止。

2. 景教

属基督教的一个教派，为叙利亚人聂斯脱利斯所创，流行于波斯，主张耶稣之神性与人性并非一体，亦即说耶稣本身并不是神而是神的代言人。635年，景教教士阿罗本来到长安，三年后，唐太宗为其在义宁坊建寺院一所，唐高宗在位时还下令各州都要为景教修建寺庙。景教徒夸耀当时的盛况说：全国都有景教徒，有一百个城市拥有景教寺院。玄宗年间，全国所有的景教寺院都改名为“大秦寺”。景教教徒宁恕等人还在今陕西周至立了一块《大秦景教流行中国碑》，其后年月日久，碑石被埋于地下，明朝时被人挖出，现存于西安碑林。同样是到了唐武宗年间，景教被禁止。景教是信奉圣母玛利亚的，今天山西北部还有一些信奉白衣大士的人，说所信奉的是观世音菩萨，并说还有观音送子的像。其实是玛利亚圣婴图，这些地方所谓的白衣大士，实是玛利亚。他们的前辈就是景教徒。

3. 摩尼教

又称“明教”，为波斯人摩尼所创，流行于中亚及地中海沿岸国家。它的教义宣称：宇宙间有明和暗二宗的斗争，初期天地未分，明、暗势均力敌；中期暗宗侵犯明宗；后期则明暗各复本位。现时处于中期，人类应当助明斗暗。教徒应当控制欲望，不饮酒吃荤，穿白衣白帽，不能祭祖，死后必须裸葬。694 年，波斯人佛多丹把摩尼教的《二宗经》传入中国。安史之乱后，摩尼教士和回纥使者同来长安。768 年，唐代宗允许信奉摩尼教的回纥人在长安建大云光明寺，后又准许在荆、扬、洪、越等州修建摩尼寺。唐武宗打败回纥后，在禁断佛教的同时对摩尼教的禁毁尤其严厉。不但尽废全国摩尼寺院，还将京城女摩尼七十二人处死。摩尼教虽被严厉禁止，但因该教讲究互助，易为人民接受，所以转入地下后，信教者仍很多，并成为农民用以组织起义的工具。

4. 伊斯兰教

651 年，伊斯兰教徒所建大食国，就遣使来唐，8 世纪初又派使前来。安史之乱时，唐为收复长安和洛阳，也动用了大食军队，有不少大食士兵从此落籍中国。由海路到中国的伊斯兰教徒也很多，唐中叶以后，沿海城市的伊斯兰教徒日益增多，相传穆罕默德的舅父赛德—伊本—阿比瓦加的墓就在广州。怛罗斯战役中被俘的杜环在大食国留居十年，他在返国后所著的《经行记》中记述了域外伊斯兰教的情况。

五、朴素的唯物主义思想

佛、道二教在隋唐统治者的提倡和鼓励下，得到了广泛流传，唯心主义的宗教迷信思想在社会上泛滥。因此，反对宗教迷信思想，成了当时无神论者和唯物主义思想家的主要任务。

1. 刘知幾的进步思想

唐朝前期思想界中影响最深远的是刘知幾。刘知幾（661—721）字子玄，彭城（今江苏徐州）人，是唐朝著名的历史学家，他以毕生的精力写成了我国第一部系统的史论著作《史通》。

刘知幾在中央任史官近三十年，看到了统治集团内部的明争暗斗、互相倾轧的黑暗内幕，现实的政治斗争加深了他对历史的理解。他在《史通》中不仅对过去的历史著述进行了总结，更重要的是他对儒家传统思想提出了怀疑和批判。传说中的尧、舜、禹被儒家吹捧为封建帝王的最高典范，而刘知幾却从一些史料和近古的政治斗争实际，大胆地提出质疑。他断定舜不是禅让于禹，而是禹夺了他的位，并将其放逐到苍梧去的。虽然他的观点不一定准确，但他这种敢于否定儒家经典的勇气令人钦佩。

刘知幾还从无神论的观点出发，对西汉以来充斥于历史典籍中的阴阳五行和祥瑞灾祸等迷信思想进行了严肃的批判。那些故意把山崩、月食等自然现象与历史上毫不相关的事件拉扯在一起的做法，是“以虚为实，掩耳盗钟”的骗人胡说。如东汉恒帝、灵帝时期政治混乱，然而冒出来的祥瑞之兆却比“路不拾遗”的西汉“文景之治”时候还多，并直言这是统治者用来安慰自己、欺骗人民的工具。在此基础上，他进一步批判了儒家的天命论，他列举了许多亡国、兴国之君的例子，肯定了天命对于历史的变化是不存在的，决定历史上兴亡的是人事，强调了人的主观努力的作用。

2. 傅弈的反佛和吕才对方术迷信的批判

傅弈（555—639），相州邺（今河北临漳西南）人。他坚决反对佛教，认为佛教徒是一批为逃避租税徭役而换穿僧衣的游手好闲之辈；其二佛本是西域胡人的神，他们经书上任意假托神迹；三则人子出家，背离父母，违背中国传统的伦理道德。于是他提出应强令和尚、尼姑互相匹配，这样全国就能多出十几万户。让他们生儿育女，再经过十年长养，十年教训，自然就有了租赋和兵源。可见傅弈的排佛理论是为了富国强兵、巩固政权的目的。他还收集了魏晋以来驳斥佛教的各种言论，写成《高识传》共十卷。

吕才（约 600—665），博州清平（今山东临清东）人。太宗贞观年间，受太宗命编审阴阳五行术数书，他将一些虚妄迷信特甚的书籍删除，编了新书五十三篇，合旧书可用者四十七篇共百篇颁行天下。他所编的书均通俗易解，对世俗迷信之说驳斥得很彻底。《新唐书·吕才传》收其中“卜宅”、“禄命”和“葬经”三篇，对当时入住房子和埋葬时迷信风水以及相信算命均痛加针砭。如论“卜宅”，则说上古穴居野处，哪有所谓“卜宅”；殷商以后所记卜宅多为“相其阴阳”即根据日照采光之方位、山林河川之地形，选择建宅之样式、高度，并无卜算吉凶之寓意。论“禄命”，则历举春秋鲁庄公、秦庄襄王、秦始皇、汉武帝、刘宋高祖刘裕等人的生辰八字推算，完全不灵。指出有不少人同年同禄，而富贱悬殊；共命共胎，而夭寿不同。“葬经”则说古人要葬无非是做子孙的求得安心，先人的葬地葬时与子孙祸福完全无关。又举实例说殷人丧事用日中，夏人丧事用昏，均不择时；总之根据儒家经典说明丧葬堪舆所强调的入葬择时择日、葬址风水影响后代之命运等迷信说法全是无稽之谈。不仅如此，他又从逻辑的角度论证，富贵名位官品是变动的，而墓葬是一次性不变的，墓葬的固定不变不能成为人们多变之命运的决定因素。吕才可以说是东汉王充而后致力于破除迷信的思想家。他论学范围虽因材料有限，不如王充那样丰富，但王充还保留了禄命的观念，吕才则批判了禄命观，比王充又胜一筹。

继傅弈、吕才之后，名相姚崇（650—721）也具有唯物主义思想，坚决反对宗教迷信。唐开元初年发生大规模蝗灾，许多大臣反对扑杀蝗虫，说是天降灾害，应修德消灾。姚崇挺身而出，严词驳斥了这些言论，并自请指挥捕蝗，将损失减少到了最小。唐玄宗准备动身去洛阳之际，忽闻太庙崩塌。于是又有人进言说天示灾变，不可东行。姚崇则指出梁柱是因腐朽虫蠹而坏，偶然与行期碰上，与皇帝出行无关。至于反对佛教，他尤为坚决。他向玄宗列举了历史上姚兴、胡太后、萧衍等人只顾虔诚佛事、广造寺院结果亡国的惨痛教训，又说到唐中宗、太平公主及武三思因崇信佛教而误国的事实，提醒玄宗以史为鉴。在他的建议下，唐玄宗关闭了多处寺院并勒令部分僧尼还俗。他还反对厚葬，临死前反复告诫家人一定要将自己薄葬。

3. 唐后期唯物思想的代表

柳宗元的思想。柳宗元（773—819），字子厚，河东解县（今山西运城市西南）人。柳宗元是诗人，是古文家，也是一位朴素的唯物论者。

柳宗元的学术思想可谓兼采百家，不守一隅，这得力于他对前代思想家及中国传统哲学理论的批判性继承。首先他承接了荀况、王充和范缜等人的“元气论”；扬弃了《周易》中的阴阳思想和王弼的“天人之说”；同时他还吸收了佛教各宗派学说的思辨理论，用于构建适合儒学的逻辑体系和理论框架。

柳宗元通过种种理论上的嫁接和融合，为新儒学建立起元气本体论、“道在气中”的自然生成论、自然人性论和圣人之道的政治理想模式。他在以古文运动为形式的儒学复兴运动中，是比较自觉的变文学为哲学的思想家，自知在儒学理论上有承上启下的责任，而非如韩愈仅感到负有道德、道统上的责任。

柳宗元的有关哲学的论著主要有《天说》《天对》等篇，他认为宇宙无极，元气浑然而处其中；阴阳二气交错而动，呈现各种状态。而天地、元气乃至阴阳都没有意志，不可能赏功而罚过。向天呼号，乞求得到怜悯，是极其谬误的。柳宗元的思想已有了唯物主义的成分和无神论的精神。

刘禹锡的思想。刘禹锡（772—842），字梦得，洛阳（今属河南）人。他是著名诗人，同时也是一位具有朴素唯物主义观点的思想家。在他所著的《刘宾客集》中，有他的哲学名著《天论》三篇，力求把柳宗元与韩愈的论战深入下去，进一步探索天人关系问题。他在《天论》中首先否定了世俗流传天能赏善罚恶的宗教思想，认为天仅仅是“有形之大者”，人则是“动物之尤者”。他同时批评了天与人毫无关系的思想，而主张天与人的关系是“交相胜”。他认为天有一条自然法则，即“弱肉强食”，强有力者占先，弱无力者落后。人的作用则在建立制度、明辨是非，以维持人类社会的和平发展。人得其道，则人定胜天。福善祸淫，举贤而去不肖，国治而天下平，是“人胜天”；人失其道，自然界弱肉强食的规律就起了作用，人类生活就完全受自然规律的支配，就是“天胜人”。这种说法比王充的天人完全无干的说法更进一步。虽然尚是很朴素的唯物观点，但已包含了人类为了生活要与自然界斗争的思想。尤其是指出天（即自然）的规律是“强有力者先焉”，在“天道福善而祸淫”的思想成为社会主导思想的当时，是会使统治阶级惊慌失措的，是惊人的大胆发现。

另外，刘禹锡还提出一个所谓“无形”的解释。他指出：“无形”就是空；但空并不是没有，而是“形之希微者”。所谓“希微”就是细小到几乎没有的形，也就是人目力所看不到的形。又说“无形”乃是“无常形”，即没有平常的形象，须依靠他物方能表现出来，实际并非一无所有。他这种想法虽然仅是自己体会观察自然情状所得的想象，但是想象得非常深刻，并且是合乎科学实际的。

在《天论》里，刘禹锡还提出了他对有神论的社会根源的看法。他认为：在法律通行无阻的社会里，是就是是，非就是非，走正道定得赏赐，走邪路必受祸殃。人们就会说，祸福决定于人的行为，与天没有关系。在法律过分松弛的社会里，是非颠倒过来，献媚取悦的奸人总得福赐，正直的人老是受煎熬，人们对不合理的现象找不到解释，就不得不把一切归之于天。他又认为当“理明”时，人们就不会讲“天命”；当“理昧”（即暗）时，就不会不讲天命。刘禹锡从法弛和理暗来解释有神论产生的根源，虽然片面，但他指出神是人在一定条件下创造出来的，却具有积极意义。

第五章　文学艺术

源远流长的中国古代文学，到隋唐五代时期，发展到了一个全面繁荣的新阶段，整个文坛出现了自战国以来前所未有的百花齐放、万紫千红的局面。其中诗歌的发展，更达到了高度成熟的黄金时代。在散文方面，由于古文运动的胜利，创造出许多传记、游记、寓言、杂说等新型短篇散文。在小说方面，也出现了许多打破六朝志怪小说格局、独具机杼、富于文采与意想的传奇作品。除了这些前代已有的文体在这个时期获得推陈出新的辉煌成就外，变文一类通俗讲唱文体在民间也得到广泛流传，尤其是诞生于民间的“词”作为一种新的诗歌形式，在这一时期正式登上艺术殿堂。它源自隋代的民歌，配合盛唐的燕乐，至晚唐和五代达到成熟和繁荣，更为后代文学的新发展开拓了道路。尤其值得注意的是，唐代国内各民族关系比过去更为融洽，中外文化的交流也比过去更为活跃。中国传统的音乐、舞蹈、绘画、雕塑等都受到其他民族文化的影响而有重要的发展。唐代在中国各民族音乐的基础上吸收外来音乐，建立了燕乐、清乐、西凉、高昌等十部乐曲。舞蹈方面，剑器舞、胡旋舞等也来自西域。绘画方面则吸收外国色彩、晕染的技巧，出现了敦煌许多壮丽的壁画，也产生了阎立本、吴道子、李思训、王维等许多绘画大师。各种艺术的发展，大大地促进了文学的发展。王维的山水诗，号称“诗中有画”，显然受到山水画的积极影响。音乐的发展，不仅有助于诗歌的入乐传唱，还直接促成了词的诞生。隋唐的统一强盛、内外交流的广泛和频繁，赋予了隋唐文化兼收并蓄、博大辉煌的时代特征。这时期在书法、绘画、雕塑以及音乐舞蹈等各领域内成就卓著、名人辈出，出现了前所未有的活跃局面。更值得注意的是，吸收其他民族文化的精华，使这一时期人们的精神生活大大地丰富了。

从先秦到汉魏六朝，诗歌、散文、小说等方面都有了丰富的积累。现实主义和浪漫主义的光辉传统的建立和发展，不同题材领域的开拓，不同文体特征的探索，以及声律的运用，都为隋唐时期文学的发展提供了值得借鉴的遗产。尤其当隋结束了近四百年的分裂局面，促成南北文化的融合，在文学思想以及文体变革上为唐文学的繁荣做了很好的铺垫。值得重视的是，隋唐作家对文学遗产所采取的批判继承、推陈出新的态度。初唐四杰大力扫荡齐梁诗风，标榜“风雅比兴”“汉魏风骨”的传统，在复古中实现革新。李白继承着陈子昂的革新精神，一面说“自从建安来，绮丽不足珍”，一面又学习楚辞和乐府，创造了独特的浪漫主义的诗风，完成诗歌革新的使命。到了杜甫，更明确提出“别裁伪体亲风雅，转益多师是汝师”的主张，既注意内容精神，又注意声律形式。正因为如此，他的现实主义的诗歌才能够“尽得古今之体势，而兼人人之所独专”，负起了继往开来的使命。白居易“文章合为时而著，歌诗合为事而作”的理论，更深刻地揭示了中国诗歌的现实主义的传统。在散文方面，韩愈一方面指责六朝文风声浮词艳，而他的“陈言务去”的主张，也受南朝文人“辞必穷力而追新”的启发。这种既不拜倒在古人脚下，又能虚心向古人学习的精神，使他们借鉴而不流于摹仿，继承而又能有所创造。

隋唐是思想开放、锐意进取的时代。许多作家来自中下层地主阶级，生活上都经历过不同程度的磨炼，他们对社会情况、人民生活都比魏晋六朝那些上层文人更为熟悉，思想感情、精神面貌也比他们充实而健旺。儒家的仁政思想，对杜甫、白居易等现实主义诗人的创作有明显的好影响。道家蔑视礼法、独与天地精神往来的思想，在李白等浪漫主义诗人的作品里也焕发了光彩。此外，佛教的流传，除对王维等作家的思想有影响外，对变文及其他讲唱文体也起了很大作用。而过去由于南北对立，在文学上是“江左贵于清绮，河朔重乎气质”。但自隋代统一，双方就开始互相吸收。唐初文人更明确地提出南北文学应

“各去所短，合其两长”的要求，这种愿望终于在统一局面下实现了。

一、空前发达的诗歌

盛唐时代，中国诗歌发展达到了繁荣的顶峰。充满蓬勃向上精神的浪漫主义的诗风是这时期诗坛的主流。初唐四杰打破诗坛的沉寂，揭开了唐诗变革的序幕，对当时宫廷诗风的批判也很有力。新的时代理想不断改变着初唐社会的审美情趣和习尚，成为文学艺术沿革的内在动力，进而影响一代乃至几代人的精神风貌。以高适、岑参为主，并有王昌龄、李颀等人共同形成了边塞诗派，这是浪漫主义中一个重要流派。他们的诗表达了将士们从军报国的英雄气概、不畏边塞艰苦的乐观精神，描绘了雄奇壮丽的边塞风光，也反映了战士们怀土思家的情绪，揭露了将士之间苦乐悬殊的不合理现象，使唐诗增加了无限新鲜壮丽的光彩。以王维、孟浩然为代表的山水诗派，受佛老消极思想影响较深，在政治失意后过着退隐生活。他们的作品以描写悠闲宁静的山水田园生活为主，思想虽然不高，但艺术上很有成就。

1. 隋代诗歌

隋代是一个新旧创作思潮开始交替的过渡时期，是扭转齐、梁诗风，拓宽诗的题材，进一步推进诗歌格律化进程并使六朝诗向唐诗过渡中的一个重要转折点。

我们大致可将隋代诗歌分为文帝、炀帝两个时期。前期诗歌大多有感而发，内容充实，题材也广泛。主要是继承了北朝的刚健诗风，但也表现出南北诗风开始融合的趋势。例如杨素的两首《出塞》，就表现了诗人“忧国不忧身”的爱国主义情操，带有鲜明的刚健质直的风格特征，真实而形象地写出了边塞的征戎生活。后期由于隋炀帝大力提倡梁、陈宫体，诗歌的发展出现了逆流，浮艳文风重新泛滥文坛。有真情实感和深度的诗篇不再多见，倒是杨广一首失题的小诗还有些可观之处：“寒鸦飞数点，流水绕孤村。斜阳欲落处，一望黯销魂。”意象的配置相当巧妙，画面简单而富有情味。

隋代的乐府诗，较多用于描写边塞。这种旧瓶装新酒的办法，赋予了乐府诗以新的生命力。这与南朝乐府多拟古之作而非直接反映现实生活有所不同。它上承汉乐府、建安乐府，下启唐边塞诗派及新乐府运动。如卢思道的《从军行》、薛道衡的《豫章行》，虽然都是反映闺中妇女对于征人的怀念之情，意思不很新奇，但语言清新，情感也比较真实，将柔婉的情调隐含在刚健的气势中，南北两种风格融合得更为自然。可称为初唐四杰的先驱，也表明文风开始向唐代过渡的特点。

而南朝诗人则把追求形式、格律化的传统带入隋朝，五言体绝句和五言律诗已近于成熟，七言律诗、七言绝句也已具雏形，甚至类似五言排律的形式也大量出现。从中国诗歌发展史的角度来看，这是一个很有成就的时期。

2. 初唐四杰

当宫廷文士仍把诗歌当作点缀升平的风雅玩物时，初唐诗坛上逐渐崛起了一批锐意变革的新进诗人。他们志同道合、互通声气，使诗歌重新担负起歌唱人生的使命，而展现出新的时代风貌，唐诗由此获得了真正的转机。其中杰出的代表就是“初唐四杰”，而集其大成者是陈子昂。

骆宾王七岁能诗，被称为“神童”；杨炯十岁即应童子举；王勃十六岁时拜为朝散郎；卢照邻二十岁即为邓王府典签，但是在仕途上，他们又都是坎坷不遇的。年少志大，才高位卑，这种人生经历深刻地影响了他们的思想性格和文学创作。

他们以匡时济世、建功立业的人生理想和热情，为诗歌注入了豪情壮思和倜傥意气。卢照邻在《咏史四首》中，赞颂了“处身孤且直”“唯唯何足荣”的季布，“愿得斩马剑，先断佞臣头”的朱云，较之左思《咏史》诗更显得激昂。

他们拓宽了诗歌的视野，使之从宫苑走向江山和寒漠。杨炯在《西陵峡》中写道：“自古天地辟，流为峡中水。行旅相赠言，风涛无极已……江山若有灵，千载伸知己。”这种以风涛为美的眼光和胸怀，在那些惯于吟咏月露芳草的宫廷诗歌中是见不到的。

骆宾王曾从军西域，后又北游幽燕。他的文集中颇多描写边塞题材的篇章。诸如“野昏边气合，烽迥戍烟通。膂力风尘倦，疆埸岁月穷”（《边城落日》）这样一些诗句，以及对征人边愁的描写，都富有生活实感，非一般泛泛的乐府拟古之作所能比肩。

又如赠别之诗，四杰也力去应酬文字的陈套，而每每和游宦不成的悲凉之情、客子深沉的乡思结合起来。王勃这一类作品最多，其中《送杜少府之任蜀州》尤为脍炙人口：“海内存知己，天涯若比邻。无为在歧路，儿女共沾巾。”歧路分手，他乡送别，本来令人感伤，诗中却以豁达爽朗的感情加以表达。

初登诗坛，他们就表现出睥睨古今的锐气和勇气。“莫言贫贱无人重，莫言富贵应须种”（骆宾王《艳情代郭氏答卢照邻》），“人生贵贱无终始，倏忽须臾难久恃”（卢照邻《行路难》），这些出自他们笔下的诗句，表现了社会中下层人物长期以来被压抑的自我意识和自我期待。

初唐四杰在诗歌创作上的贡献，不仅表现在内容的拓展和充实，而且也表现为形式的创新和完善。卢、骆二人创造性地发挥了七言歌行洗练婉转的风格，大大加强了它的抒情性，丰富了它的表现力，经卢、骆之手，七言歌行变得抑扬起伏，大开大合，成为以后李白、高适、岑参一路诗人所喜用的形式，其开拓之功是不容忽视的。

王勃、杨炯今存的诗以五言律、绝为主，诗歌语言更趋明净凝练，六朝以来繁缛华丽的格调已得到进一步的洗削。尤其是王勃的五绝，情景交融，推进了深入浅出的语言风格。如《山中》："长江悲已滞，万里念将归。况属高风晚，山山黄叶飞。"在短小的篇章中做到了神固气定。说明唐诗的语言已经走向成熟。

3. 初唐四杰的继承者和发展者

在初唐四杰之后，武后时代的陈子昂（659—700）梓州射洪（今属四川）人，他更高地举起了诗歌革新的旗帜，有破有立，提出了在复古中实现革新的主张。而且在创作实践上完全摆脱了齐、梁浮艳习气，反映了当时社会、政治上存在的种种矛盾，显示了刚健的风骨，终于改变了齐、梁诗风统治的局面，端正了唐诗发展的方向。他高出前人之处，就在于他对前代诗风的批判，不是从教化的角度着眼，而是主要从诗歌本身的审美特征考虑，讲求"兴寄"，"兴"指兴发，"寄"指寄托。

陈子昂把建安、正始文学视为典则，鲜明地提出"汉魏风骨"这一口号。他认为建安文学在乱离之世发出慷慨激昂的歌唱，以阮籍、嵇康为代表的正始文学则在忧患人生中提倡抗志不屈的人格追求，两者情调不尽相同，但都具有英雄的性格。陈子昂标举"汉魏风骨"，就是要恢复和发扬文学中的英雄性格，以矫正诗界软弱柔靡的倾向。贯穿在陈子昂诗歌中的，是对新的人格理想的呼唤和塑造。

他的诗中，最明显的是怀才不遇、不为世人所知的强烈孤独感；但绝不沮丧沉沦、自哀自怜，而是英气勃发，高傲不屈。“前不见古人，后不见来者。念天地之悠悠，独怆然而涕下。”（《登幽州台歌》）以无限的时间和无穷的空间为背景，高耸起一个伟大而孤傲的自我，给人以崇高的美感。这正是唐代具有浪漫精神的理想人格的象征。

陈子昂为唐诗注入蓬勃的生命力，清除南朝诗歌和唐初宫廷诗风的弊病。不仅在文学上，而且在更广义的精神上，开启了盛唐整整一代诗风，赢得了后代的仰慕。

4. 田园边塞

盛唐时代，唐诗的发展达到了繁荣的顶峰。充满蓬勃向上精神的浪漫主义的诗风是这时期诗坛的主流。以高适、岑参为主，并有王昌龄、李颀等人共同形成的边塞诗派，是浪漫主义中的一个重要流派。他们的诗表达了将士们从军报国的英雄气概及不畏边塞艰苦的乐观精神，描绘了雄奇壮丽的边塞风光，使唐诗增加了无限新鲜壮丽的光彩。而以王维、孟浩然为代表的山水诗派，受佛老消极思想影响较深，作品以描写悠闲宁静的山水田园生活为主，思想境界虽然不高，但艺术上很有成就。

边塞诗。就整体而言，盛唐的边塞诗的风格慷慨激昂，豪放苍凉，反映了当时国家富强，蓬勃积极昂扬的时代精神。著名的边塞诗人有王昌龄、王之涣、崔颢等，其中最有代表性的是高适和岑参。

王昌龄（？—约756）京兆长安（今陕西西安）人，他的边塞诗大部分用乐府旧题抒写战士思念家乡、立功求胜的心情。如“秦时明月汉时关，万里长征人未还。但使龙城飞将在，不教胡马度阴山”（《出塞》）起句用“秦月”“汉关”互文，跨越千古，自有一股雄浑苍凉之气充溢全篇。继而由士卒不能生还的悲剧写到对“龙城飞将”的期望，高昂中透露出苦涩，表现出诗人的反战倾向。还有王之涣的《登鹳雀楼》：“白日依山尽，黄河入海流。欲穷千里目，更上一层楼。”作者好像站在极高之处俯瞰世界，极目千里就要再登高一步，好一副男儿胸襟！末尾两句，也被人们作为一种追求崇高的精神世界的象征。

高、岑齐名，风格也相近。但是高適（约700—765）渤海蓨（今河北景县）人，他的诗悲壮之中透着雄浑。比如《燕歌行》，虽然基调慷慨激昂，高扬着建功立业、报国忘身的豪迈精神，但也有对边将“战士军前半死生，美人帐下犹歌舞”的抨击和对战士“铁衣远戍辛勤久，玉箸应啼别离后，少妇城南欲断肠，征人蓟北空回首”的同情。反映了为将者虽然可借战功获得荣华富贵，但普通士兵却待遇极差，要时时面临妻离子散、战死沙场的痛苦。

岑参（约715—770）江陵（今湖北荆州市荆州区）人，一生中五次入戎幕，两次出塞，以此而言，唐以来的诗人再也找不出第二个。岑参的诗，悲壮之中带着峭拔。如他的名篇《白雪歌送武判官归京》“北风卷地白草折，胡天八月即飞雪。忽如一夜春风来，千树万树梨花开。”这首诗抒写塞外送别之情，但并不令人感到伤感，充满奇思异想，使人觉得塞外风雪变成了可玩味欣赏的对象。“忽如一夜春风来，千树万树梨花开”这壮美的画面，使人宛如回到了南方，见到了梨花盛开的繁荣壮丽之景，心中的喜悦可想而知。全诗内涵丰富，意境鲜明独特，具有极强的艺术感染力。

田园诗。盛唐时期最著名的田园山水诗人是王维和孟浩然。

王维（701？—761）字摩诘，先世为太原祁（今山西祁县）人，其父迁居于蒲州（治今山西承济西南蒲州镇），遂为河东人。官至尚书右丞，他受佛教思想影响，长期隐居别业。王维擅长书画，他把诗和画两种艺术融合起来，做到了“诗中有画”，“画中有诗”。他的山水诗既体现了禅宗哲理，给人以极端幽静之感，同时也有生趣盎然、鲜洁明丽的意境。如《山居秋暝》：“空山新雨后，天气晚来秋。明月松间照，清泉石上流。竹喧归浣女，莲动下渔舟。随意春芳歇，王孙自可留。”山中秋雨过后松间的明月、石上的清泉、竹林中的浣女、溪中的渔舟有机地构成了一幅明丽的画图。表达了作者对纯朴安静、放纵山林生活的热爱。

山水诗到孟浩然（689—740）那里，又被提升到新的境界。在他的诗中，情景交融，诗的意境显得更加单纯明净，诗的结构也更加完美。我们来看他的《宿建德江》“移舟泊烟渚，日暮客愁新。野旷天低树，江清月近人。”在这首诗中，诗人以野旷江清的静景写寂寞的游子情怀，表现了他非凡的功力。他的《过故人庄》一诗流传最广：“故人具鸡黍，邀我至田家。绿树村边合，青山郭外斜。开轩面场圃，把酒话桑麻。待到重阳日，还来就菊花。”在这幅天然图画中与好友饮醇酒，啖佳肴，纵情谈笑，该是多么快乐和惬意！酒后，朋友间仍恋恋不舍，约定九九重阳节再来欢聚，痛饮美酒，醉赏菊花。

5. 双峰并峙

盛唐诗潮波澜壮阔，气象万千。这一时期的李白与杜甫被后世视为唐诗世界中两座并峙的高峰，尽管李、杜的年龄只相差 11 岁，也都经历过唐王朝的全盛时代和由盛入衰的安史之乱，但他们的作品，却有很大差异。李白诗歌的主导风格，形成于大唐帝国最为辉煌的年代，最充分也最集中地体现了那个时代的精神风貌。饱满的热情、充满自信、积极乐观的理想展望、富于浪漫色彩的诗歌情调，这一切汇成了中国古代诗史上格外富有朝气的歌唱。

而杜甫诗歌的主导风格，却是在安史之乱的前夕开始形成，而滋长于其后数十年天下瓦解、遍地哀号的苦难之中。在飘零的旅途上，杜甫背负着对于国家和民族命运的沉重责任感，凝视着流血流泪的大地，忠实地描绘出时代的面貌和自己内心的悲哀。这种深入社会、关切政治和民生疾苦、重视写实的创作倾向和由此带来的语言表现形式方面的一系列变化，不仅标志着唐诗内容与风格的重大转折，也深刻影响了中唐以后直至宋代的诗歌发展。

李白。李白（701—762），字太白，出生于中亚的碎叶城（在今吉尔吉斯斯坦境内）。青少年时期是在蜀中度过的，他自幼读书就广为涉猎，年轻时仗剑任侠。后漫游天下，所到之处，诗名远播，最后连天子也被惊动了。

天宝元年（742 年）秋，唐玄宗下诏征李白入京，待以隆重的礼遇。李白应召入京时，颇为踌躇满志，曾写诗道："仰天大笑出门去，我辈岂是蓬蒿人！"但这位傲岸的诗人很快就遭到了宫廷权贵们的忌恨，天宝三年春，李白被放逐还乡。他在朝中任职的时间只有一年多，但却使诗人对社会的认识发生了深刻变化。

李白此后四处浪游，一路上写下了许多优秀的诗篇。安史之乱爆发，李白避地东南，当时永王璘以复兴大业的名义恭请李白参与其戎幕，李白遂满怀热忱毅然从戎。不料肃宗李亨和永王璘之间又祸起萧墙，李璘军败被杀。李白也因此获罪下狱，不久被流放夜郎（今贵州铜梓一带）。

途中因病折回，于 762 年病死于当涂（今安徽当涂），结束了他富有传奇色彩的一生。

李白生平浪迹天下，而大起大落的身世遭遇又使他广泛接触了社会的各个层面。他的鲜明个性就是在充分吮吸时代气息的基础上形成的，他的人生理想既是超脱又是积极入世的。这正是盛唐时代社会习尚和文化精神的显著特征所在。因此，李白也就很自然地成为当时人们所心仪的人伦风范。李白的诗歌正是通过他的个性投影，折射出时代的神采，从而成为盛唐的最强音。

诗人终其一生，都在以天真的赤子之心讴歌理想的人生。在中国古代诗人中，李白的个性之活跃和解放是少有的。他一生不以功名显，却以布衣之身而藐视权贵，批判腐败的政治现象。在《梦游天姥吟留别》中，他发出了最响亮的呼声："安能摧眉折腰事权贵，使我不得开心颜！"

他永不安于寂寞和孤独。"花间一壶酒，独酌无相亲。举杯邀明月，对影成三人。月既不解饮，影徒随我身。暂伴月将影，行乐须及春。我歌月徘徊，我舞影零乱。醒时同交欢，醉后各分散。永结无情游，相期邈云汉。"（《月下独酌》其一）诗人化没有生命的自然物为有生命有情的人，和它们一同饮酒起舞，并且还要和月亮结成亲密无间的好友，影徒随身越发显出了诗人的孤独，也抒发了作者清高、狂放不羁的情怀。全诗以动写静，以热闹写孤独，取得了强烈的艺术效果。

李白对大自然有着强烈的感受力，他善于把自己的个性融入自然景物中，使他笔下的山水丘壑也无不具有理想化的色彩。他笔下的黄河、长江，奔腾咆哮，一泻千里："黄河之水天上来，奔流到海不复回"（《将进酒》）；"天姥连天向天横，势拔五岳掩赤城；天台四万八千丈，对此欲倒东南倾"（《梦游天姥吟留别》）。他用胸中之豪气赋予山水以崇高的美感，他对自然伟力的讴歌，也是对高瞻远瞩、奋斗不息的人生理想的礼赞，超凡的自然意象是和傲岸的英雄性格浑然一体的。

李白自由解放的思想情操和具有平民倾向的个性，还使他能更深入地发掘社会生活中的各种人情美。李白晚年所作的《宿五松山下荀媪家》更集中表现了这一点："我宿五松下，寂寥无所欢。田家秋作苦，邻女夜舂寒。跪进雕胡饭，月光明素盘。令人惭漂母，三谢不能餐。"这位在权贵面前傲岸不羁的诗人，在一个普通的农妇面前却感动得难以进食。所有这些诗篇，都无不是以理想的光轮使日常生活题材焕发出诗意的丰采。

李白诗歌的艺术成就。在文学史上，从六朝到隋唐是审美观念发生重要变化的时期。由六朝的典雅文饰至盛唐转为以主体意兴的天才抒发和自然表现为主，而李白正是一个集中的代表。明代的王世贞在《艺苑卮言》中以"以气为主，以自然为宗"两句话概括李白诗歌的总貌，这一特点体现于李诗的艺术形象、抒情方式和诗歌语言等各个方面，从而形成他与众不同的鲜明的艺术个性。

当诗人的澎湃诗情无法为寻常的形象所容纳时，诗人就展开天马行空式的想象和幻想，以气驭词，来实现艺术的变形。这种变形的依据是诗人感情的强度，它使形象突破常规而染上了奇幻的色彩。如写庐山瀑布的“初惊河汉落，半洒云天里……海风吹不断，江月照还空”，“飞流直下三千尺，疑是银河落九天”，无不是在想象中变换空间，以壮大气势。李白诗中还可以依据情感的要求，改变时间的速度，出现了所谓的“主观时间”。例如《将进酒》里的“君不见高堂明镜悲白发，朝如青丝暮成雪”，把人的一生说成如朝夕之间的短暂。

李白诗歌的语言风格，用他自己的诗句来说，是“清水出芙蓉，天然去雕饰”。李白的诗具有接近于歌谣的特点，实际上也就是使诗歌语言更多地从新鲜活泼的生活语言中得到充实和丰富，并加以提炼、升华。如《静夜思》：“床前明月光，疑是地上霜。举头望明月，低头思故乡。”如水的月光静静地流淌，淌过床头，淌过静夜，也淌过旅外游子的心。这夜深人静的时刻，思乡的惆怅慢慢弥漫，使人不觉陷入了沉思。全诗朴素自然，语言明白如话，构思细致而深曲，通过“疑”“举”“低”，把诗人思乡之情表露无遗。

杜甫。杜甫（712—770），字子美，祖籍襄阳，自其曾祖时迁居巩县（今河南巩义西南）。出身于一个具有悠久传统的官僚世家。家庭给予杜甫正统的儒家文化教养，所以终其一生，高蹈出世的念头很少占据他的头脑。杜甫的祖父杜审言是武后朝中最著名的诗人，这更加深了杜甫对诗歌的兴趣。他曾很骄傲地对儿子说："诗是吾家事。"追求仕途事业和不朽的诗名，共同构成了杜甫的人生轨迹。

杜甫早慧，据称七岁便能写诗，二十岁以后的十余年中，杜甫过着漫游的生活。这既是为了增长阅历，也是为了交结名流，为日后的仕进做准备。然而直到年近五十他才获得参军这样一个卑微的官职，而这已是安史之乱的前夕了。

安史之乱爆发后，杜甫逃难到当时尚安定富足的蜀中。当时国家处在剧烈的震荡中，杜甫本人的生活也充满危险和艰难。而他的诗歌创作，因有了血与泪的滋养，达到了巅峰状态。《春望》《月夜》以及"三吏""三别"等大量传世名篇，就是这时从诗人浸满忧患的笔下不断涌出。

永泰元年（765 年），蜀中大乱，杜甫又带着全家老小，过起流浪逃难的生活。杜甫五十九岁时，在耒阳（今湖南耒阳）附近客死旅舟，凄凉地结束了他艰难漂泊的一生。

乱离之世的悲歌。杜甫早期作品留存数量很少。这些诗篇和时代的风气相一致，充满自信，带有英雄主义的倾向，与其后来的作品有明显区别。如《望岳》诗起首“岱宗夫如何，齐鲁青未了”，气势宏大；结句“会当凌绝顶，一览众山小”，富于展望，令人感觉到诗人雄心勃勃的精神状态。随着杜甫渐渐深入到苦难的现实，他的诗也变得沉重起来。

《兵车行》的创作，标志着杜甫诗歌的转变，由此形成了杜甫此后诗歌创作的主要特征：严肃的写实精神；在忠诚于唐王朝和君主的前提下，对统治集团中的腐朽现象给予严厉的批判；对民生疾苦的深厚同情；对国家与民族命运的深沉忧念。

《兵车行》的开头是一幅悲惨的图景：“车辚辚，马萧萧，行人弓箭各在腰。耶娘妻子走相送，尘埃不见咸阳桥。牵衣顿足拦道哭，哭声直上干云霄。”接着把批判的锋芒指向好大喜功的唐玄宗：“边庭流血成海水，武皇开边意未已！”诗中继续写到战争导致国内生产力的衰减：“君不闻，汉家山东二百州，千村万落生荆杞，纵有健妇把锄犁，禾生陇亩无东西。”最后，借想象为那些无辜的死者发出悲愤的哭喊：“君不见，青海头，古来白骨无人收。新鬼烦冤旧鬼哭，天阴雨湿声啾啾！”在唐诗中，如此严肃地正视现实、具有深刻的批判精神的作品，此前未有。

在杜甫的思想中，君主应当爱护人民，使之安居乐业，而人民则理所当然地应该忠诚和拥戴君主。然而当时，这仅是一种空想，作为一个诚实的诗人严肃地面对现实时，他不能不为此感到困苦。杜诗的名篇“三吏”“三别”就是很好的例子。看他的《新安吏》：“肥男有母送，瘦男独伶俜。白水暮东流，青山犹哭声。”“莫自使眼枯，收汝泪纵横，眼枯即见骨，天地终无情！”读到这里，我们感觉到诗人对受难的人民的极其真实深切的悲悯之情。

杜甫透过个人的不幸看到了国家的不幸、人民的不幸。而长诗《自京赴奉先县咏怀五百字》，更把最高统治集团醉生梦死的情状与民众饥寒交迫的困境加以尖锐的对照，以“朱门酒肉臭，路有冻死骨”这样震撼人心的诗句概括了社会的黑暗和不合理。

正是因为个人的命运与时代的苦难纠结在一起，杜甫常常从自身的遭遇联想到更多的人、更关注普遍的社会问题。如在《茅屋为秋风所破歌》中，他由自家茅屋被风雨吹破而致家人受寒冻，发出“安得广厦千万间，大庇天下寒士俱欢颜”的祈愿。这种宽广的胸怀，深得后人的钦佩。

杜甫的诗歌自古以来就有“诗史”的美誉。杜甫其实并非有意于史；他的那些具有历史纪实性的诗篇，以及那些记述自身经历而折射出历史面目的诗篇，乃是他的生命与历史相随而饱经忧患的结晶，是浸透着他个人的辛酸血泪的。

杜甫诗歌的艺术成就。杜甫是一位富有创造性的诗人。比较而言，李白的诗天然涌发、飘逸而不可摹仿；杜甫的诗则千锤百炼、苦心经营，可以为人典则。就这一点来说，杜诗对后人的影响比李白要大。

杜甫的诗歌类型众多、风格也富于变化。他不仅用诗歌来叙事抒情，还用来写人物传记和书信、游记等，几乎无所不能。

杜甫善于运用各种诗歌体式。一类是用五言古体形式写成的自叙性的诗篇，《自京赴奉先咏怀五百字》《北征》是其中最著名的代表作。这类诗大都篇幅较长，往往是融写景、叙事、抒情、议论于一体，能够表达相当复杂的内容。一类是以《兵车行》、《丽人行》、“三吏”、“三别”为代表的既有七言古体，又有五言古体的叙事诗。这一类诗实际是古代乐府民歌的流变，但杜甫打破惯例，不用乐府古题而“即事名篇”（根据所叙事实命名），这样就更能够反映现实，更富于生活气息。这一创造，直接导引了中唐以元稹、白居易为首的“新乐府”运动。再有一类是七律。在杜甫以前，七律多用于宫廷应制唱和，这类诗内容贫乏，其语言亦平缓无力。到了杜甫，不但在声律上把七律推向成熟，更重要的是充分发挥了这一诗歌形式所蕴含的表达能力。

杜甫对于语言非常重视，他毫不隐讳地宣称：“语不惊人死不休。”杜诗语言的功力，表现为准确有力，给人以强烈的感受。如《羌村》中“妻孥怪我在”，读起来是很平常的句子，但一个“怪”字刻画出妻子见丈夫仍在人世、刹那间竟感到诧异的神情，成为惊心动魄的一笔。另一种就是用不寻常的语言和修辞手法，造成新鲜的、能够激活读者心理感受的形象。如“碧知湖外草，红见海东云”（《晴》），“绿垂风折笋，红绽雨肥梅”（《陪郑广文游何将军山林》）等。这样写来，既醒目又能表现出情感的流动。古人炼字，有“诗眼”之说，即一句诗中有一个字特别警醒，使全句皆活。杜甫这方面的长处尤其为人钦服，像“风起春灯乱，江鸣夜雨悬”的“乱”和“悬”，“星垂平野阔，月涌大江流”（《旅夜书怀》）的“垂”与“涌”，更是精巧绝伦。

杜甫诗歌的艺术风格多种多样，最具有特征性的是“沉郁顿挫”。所谓“沉郁”，主要表现为意境开阔壮大、感情深沉苍凉；所谓“顿挫”，主要表现为语言和韵律曲折有力，而不是平滑流利或任情奔放。形成这种特点的根本原因，是杜甫诗歌所要表达的人生情感非常强烈，而同时这种情感又受到理性的节制。他的思虑常常很复杂，心情常常很矛盾，所以他需要找到恰当和适度的表达方法。

6. 新乐府

中唐时代，白居易、元稹、张籍、王建等更继承杜甫的传统，进一步主张“文章合为时而著，歌诗合为事而作”，掀起新乐府运动。他们的新乐府诗揭发了统治阶级的骄奢淫逸、残酷剥削，对人民的深重疾苦表示同情，对国势的削弱也深感不安。他们的诗在当时就产生了广泛而深刻的影响。

元稹、张籍、王建都是这一运动中的重要诗人，语言通俗易懂是他们共同的特色。元稹的《织妇词》："东家头白双女儿，为解挑纹嫁不得。""檐前袅袅游丝上，上有蜘蛛巧来往。羡他虫豸解缘天，能向虚空织罗网。"记述了劳动妇女因为有纺织手艺反而被限制不准嫁人、不能享受人伦之乐的悲惨情景，以"羡他虫豸解缘天，能向虚空结罗网"这样绝望的呼号，写出了她们的痛苦心境。同情农民疾苦是张籍乐府诗的主题，而《征妇怨》一篇写得尤其沉痛："万里无人收白骨，家家城下招魂葬。""妇人依倚子与夫，同居贫贱心亦舒。夫死战场子在腹，妾身虽存如昼烛！"将战争后老百姓的凄惨景象刻画得入木三分。

以善写乐府长诗著称的白居易是其中成就最高者。他的《长恨歌》《琵琶行》不仅文辞优美，而且感情真挚，在思想性方面层次也颇高。虽然历来的观点把《长恨歌》定格为一首政治讽喻诗，但全诗充满着浪漫主义的爱情气息。尤其是诗的后半部分"梦中相会"和"七夕盟誓"的章节，读来令人唏嘘不已。与人们普遍认为杨贵妃祸国殃民的论调不同，白居易对杨贵妃更多的是同情。从"天生丽质难自弃，一朝选在君王侧"到"后宫佳丽三千人，三千宠爱在一身”，再到“六军不发无奈何，宛转蛾眉马前死”“升天入地求之遍”“九华帐里梦魂惊”。在诗人哀婉缠绵的笔调下，杨贵妃更像是一个政治牺牲品，为昏庸的唐玄宗承担了所有的骂名。与《长恨歌》相比较，《琵琶行》更接近作者的生活。元和九年（814 年）白居易因直言上书，为权贵所恶，结果被贬为江州司马。这个打击使他认识到了人心险恶，所以当遇到琵琶女的时候，便产生了共鸣。一个是色衰委身下嫁贾人的歌妓，一个是一贬再贬的宦旅失意人。曾经的显赫，黯淡的前途，“同是天涯沦落人，相逢何必曾相识”，江州司马的青衫泪痕中传诵出无限的愁绪与幽怨。这一传就是千年，而琵琶女悲惨的身世从此也烙在了世世代代人们的心中。

晚唐时期的诗歌感伤气氛浓厚，代表诗人是杜牧、李商隐，世称“小李杜”。杜牧的诗于清丽的语言、鲜明的画面中见俊朗的才思。如《泊秦淮》一诗：“烟笼寒水月笼沙，夜泊秦淮近酒家。商女不知亡国恨，隔江犹唱后庭花。”诗人夜泊秦淮，在迷蒙烟水中眼见灯红酒绿，耳闻淫歌艳曲，不禁触景生情，顿生家国之思。全诗寓情于景，意境悲凉。李商隐则以爱情诗见长，一首《无题》：“相见时难别亦难，东风无力百花残。春蚕到死丝方尽，蜡炬成灰泪始干。”道尽相思之苦。诗从别离的痛苦写起，以暮春时节百花凋零予以烘托。继以春蚕和蜡炬为喻，表示诗人相思的热烈和至死不渝的感情。

晚唐后期，还出现了一批继承中唐新乐府精神的现实主义诗人，代表人物是皮日休、聂夷中、杜荀鹤。他们的诗锋芒毕露，直指时弊。

二、古 文 运 动

所谓“古文”，是韩愈等人针对魏晋以来形成和流行的骈体文而提出的一个概念，指先秦两汉时单行散句、没有规定形式的文体。骈体文的过度膨胀，不仅使抒情写景一类文章完全骈偶化，而且推进到奏议、论说、公文、信札等各种实用文的领域，束缚越来越严重。大多数人只能靠套用陈旧的程式、典故、语汇来写作，造出大批不痛不痒、半死不活的文字。

“古文运动”其实并不是单纯的文学运动。一方面是古文家企图以此来复兴儒道，恢复散文宣扬正统思想的功能；另一方面，他们也需要以此来更好地表达个人在实际生活中的思想感情。他们从文学的社会功能角度提出了为教化而复兴“古文”的主张。说文章是志的呈露、道的载体，“道”“志”要用“文”来发扬，所以批评六朝以来“文不足言，言不足志”。在他们看来，只有把伦理教化意义放在首位，才能使文章内容充实、气格刚健，才显出它的实际效用。

1. 韩愈与古文运动

“古文”的复兴，有赖于韩愈的出现。一方面，韩愈具有积极维护封建专制和儒家“道统”的热情，而另一方面，韩愈又是一个个性很强、自我表现欲很强的人。所以，当韩愈投入古文复兴运动时，他的态度与前人有很大的不同。在以复兴儒学为核心宗旨的基本立场上，他确是继承了前人；但他的整个散文理论，特别在变革文风、推进创作方面，却增添了许多新的和更为合理的内容。而古文运动获得成功，不仅因为他的理论，更重要的，是因为他写出了许多富于个性、才情和创造性的佳作，从实践上重新奠定了散体文的文学地位。同时，他大力提倡与呼吁文体改革，团结了一批撰写散体文的作家，使散体文创作形成了一股较大的文学潮流。

韩愈主张写散文“宜师古圣贤人”，根本上是为了学习“道”。这里的“道”既是儒家学说中的外在伦理规范，也是人的内在道德修养和人格精神。他吸取了孟子学说的精神，把内在精神看得很重。所以，他很重视“气”的作用，认为文章的好与坏，就决定于这种精神性的“气”充实与否。他在《答李翊书》中说：气，水也；言，浮物也。水大而物之浮者大小毕浮，气之与言犹是也。

骈文的一个重要特点是好用典故，而缺乏创造力的作者便把一些烂熟的套话翻来覆去地镶嵌在文中，既无真情实感，又无新鲜的语言。针对这种缺陷而提倡散文的韩愈，便把“惟陈言之务去”看得很重。在《答李翊书》中，他说自己学文，开始是“非三代两汉之书不敢观，非圣人之志不敢存，处若忘，行若遗”，其后“识古书之正伪与虽正而不至焉者”，渐渐有了心得，于是“当其取于心而注于手也，汩汩然来矣”。最后，对古人之言“迎而距之，平心而察之”，养气守醇，才到了化境，可以自如地写自己的话、自己的心了。可见，韩愈要求的，乃是“师其意不师其辞”的学习古文方法和“自树立，不因循”的文章语言风格。

在主张“文以明道”的同时也承认作者个人的内在情感在散文中表现的合理性，在主张“师古人”的同时又强调语言的创新和风格的个性化，这是韩愈散文理论的精华所在。在创作实践中，他既投入了丰富的情感，又运用了很高的语言技巧，因而写出了许多优秀的散文作品。如著名的《马说》：“世有伯乐，然后有千里马。千里马常有，而伯乐不常有”，表现了自己怀才不遇的感慨或穷愁寂寞的叹息。

韩愈很注意语汇的创新，擅长从前人的语汇中推陈出新，创造出不少新颖的语汇，使文章常常闪现出妙语警句，增添了不少生气。像《送穷文》中的“面目可憎”“垂头丧气”，《进学解》中的“业精于勤荒于嬉，行成于思毁于随”，《应科目与时人书》中的“俯首帖耳”“摇尾乞怜”等，都是沿用至今、鲜明生动的词语。

韩愈的散文，极善于交错运用各种重复句、排比句、对仗句，来增加文章的变化与气势，发挥散文句子可长可短的优势，弥补散文缺乏音乐美和节奏感的缺陷。其最显著的特征是气势雄大、感情充沛而文字奇崛新颖、句式参差交错、结构开合变化。但是，从另一方面说，韩愈诗歌也给后世开启了弊端。一是他喜用生僻字和冷涩词，虽有其出奇制胜的效果，但过分使用则会破坏诗歌阅读的连贯性，造成整体意境的割裂支离。二是好发议论，以文为诗，有时便忽略了诗歌本身的韵味、格律。

2. 柳宗元与古文运动

由于政治见解与个人经历的不同，柳宗元并不属于韩愈那一个作家群体，但是，柳宗元对古文复兴运动，也有其独特的贡献。和韩愈一样，柳宗元也强调“文”与“道”的关系。写文章的目的“明道”，文辞只是传达“道”的工具。他更明确提出“文者以明道”的原则，要求文章有“辅时及物”的作用，即能够针对现实，经世致用。基于这样的认识，柳宗元也对骈文持批判态度，说骈文徒有表面的好看，并无实际的用处，甚至还会迷惑人心。

在文章的具体表现方面，柳宗元的看法与韩愈有些不同。首先，韩愈比较偏重于散文中情感的直接表露，而柳宗元则比较偏重于情感的含蓄表达方式。就是说，在创作中要平心静气，使内在情感深沉含蓄地表现。这里面有人生态度与宗教信仰的因素。韩愈激烈反佛，而柳宗元却信佛。相比起来，柳宗元的作品在力度、气势上不如韩愈，但在隽永、含蓄、深沉上却超过了韩愈。其次，韩愈比较刻意于语言形式上的革新与创造，而柳宗元相对地更重视内在含义的表现，而不那么强调在语言的外现形式上下功夫。因此，他的文风偏于自然流畅、清新隽永，更能令读者回味。

柳宗元的议论文、传记、寓言都有佳作。议论如《封建论》，逻辑谨严，文笔犀利而流畅；《捕蛇者说》从渲染捕蛇之险，反衬赋税之沉重，点出“赋敛之毒有甚是蛇者乎”的主题，篇幅虽短却波澜曲折。《黔之驴》则借驴比喻那些外强中干、实无所能的庞然大物；想象丰富奇特，语言犀利精练，篇幅虽短而寓意深刻。

但柳宗元散文中写得最好的是那些山水游记。突破了过去散体文偏重以政治和哲理议论为主的局限，创造了一种更文学化、抒情化的散文类型。柳宗元的山水游记并不是单纯地去描摹景物，而是投射了作者心境的活生生的亲切的自然。所以，他笔下的山水，都具有他所向往的高洁、幽静、清雅的情趣，也有他诗中孤寂、凄清、幽怨的格调。有小石潭的“凄神寒骨，悄怆幽邃”（《小石潭记》）；他深深地喜爱这些山水，“怜而售之”“枕席而卧”

（《钴鉧潭西小丘记》），觉得它们与自己有相同的遭遇和悲喜。也正是因为他对山水抱有这种感情，才写出了如此细腻、优美、动情的山水游记。

古文运动是文学史上一个复杂的现象。就其解放文体、推倒骈文的绝对统治、恢复散文自由抒写的功能这一点来说，无论对实用文章还是对艺术散文的发展，都有不可磨灭的功绩。但同时也不能不注意到，古文运动的弊病也是相当严重的。如过于强调道对文的支配性，从而也就取消了文学与非文学的区分，这在文学观念上是重大的倒退。而其核心思想是倡导以文学为维护封建政治秩序服务，这也必然导致作家个性的收敛，从而对文学的发展加上沉重的束缚。

三、传奇小说与俗讲变文

传奇小说源出于六朝志怪。初唐时期的传奇，作品不多，且有六朝志怪的浓厚影响。到了中唐时期，传奇小说作者增多，创作达到了极盛阶段。在唐传奇中出现了较六朝志怪更为宏大的篇制，建立了比较完整的小说结构，其情节更为复杂、内容更偏于反映人情世态，而人物形象的塑造、心理的刻画，也有了显著的提高。由此，唐传奇昭示了中国古典小说开始进入成熟阶段。

1. 爱情小说

唐传奇中以爱情小说最有情致，多写士子与妓女的关系。这与唐代社会的特点有关：在当时繁华都市中，青楼兴盛，士人常流连于此，因而产生许多风流故事；同时由于婚姻关系通常并非因两情相悦而形成，所以文学中所表现的较为自由的恋爱，大抵是在婚姻以外。蒋防的《霍小玉传》尤为精彩动人。《霍小玉传》的情节相对简单，但在反映生活的深刻性和表达感情的强度上，却要高出他人很多。小说叙述的是沦落风尘的霍小玉热烈地爱上李益，与之立八年相守之誓，在不幸的命运中想要抓住自己幸福的一种苦苦挣扎。然而这一点希望最终也被自己所爱的人破坏，使她坠入黑暗的深渊。令人感受到社会是何等的不合理和无情。

著名诗人元稹作的《莺莺传》在唐传奇的发展过程中具有重要的意义。故事叙述张生适逢表姨郑氏携女崔莺莺同寓寺中，在婢女红娘帮助下，张生以诗求私通。始遭严拒，但最终莺莺不能自持，以身相许，二人幽会累月。后张生赴京应举，遂与之绝。一年多后，张生与莺莺已各自嫁娶，张生偶过其家，以表兄身份求见，被莺莺赋诗拒绝。小说中崔莺莺的形象刻画得比较成功。她以传统礼教作为防范别人和克制自己的武器，内心却又热烈渴望自由的爱情，而终于成为封建势力和自私的男子的牺牲品。元稹运用优美的语言来描摹人物的体态举止，并以此呈现人物微妙的内心活动，确实很有美感。由于小说中存在着反映青年男女向往自由爱情的情节，它后来被改造为有名的《西厢记》。

中唐以后，文人士大夫对社会、对人生都不再那么抱有期望，他们的心灵需要在现实以外的世界中求得寄托。而小说则提供了一个虚构的世界，可以让人们在其中幻想人生、解释人生，表达对于人生的种种愿望。

2. 讽世小说

沈既济的《枕中记》是一篇讽世小说，所写即著名的“黄粱美梦”故事：热衷功名的卢生，在邯郸旅舍借道士吕翁的青瓷枕入睡，在梦中实现了他娶高门女、登进士第、出将入相、子孙满堂等一切理想。一旦梦中惊醒，身旁的黄粱饭犹未蒸熟。于是他顿时大彻大悟，稽首再拜吕翁而去。

李公佐的《南柯太守传》命意与《枕中记》略同。小说叙述游侠之士淳于棼醉后被邀入“槐安国”，招为驸马，出任南柯郡太守，守郡二十年，境内大治。孰料祸福相倚，先是与邻国交战失利，继而公主又罹疾而终。这时他突然从梦中醒来，方知前之荣耀都是醉后一梦，而所谓“槐安国”，实乃庭中大槐树穴中的一个大蚁巢而已。

上述两篇讽世小说，如实地反映了中唐文人由于受时代的变化和佛道的思想影响而沮丧迷惘的心理和逃离现实的愿望，由此引发人们对现实人生的思考。

3. 俗讲和变文

由于唐代帝王提倡佛教，当时寺庙中讲唱佛经故事之风相当盛行，于是产生了变文。它韵散相间，唱白并用，或诵神魔，或讲俗世，形式和内容都很独特。唐代这两种鲜活的小说样式，已经引起西方汉学界高度的重视。后来更产生了讲唱历史故事和时事的变文。这种讲唱文学，初唐已经存在，中晚唐更为盛行。除讲唱结合的变文外，还有只唱不讲的词文，以及只讲不唱的话本。这些通俗讲唱的文学，故事情节多想象夸张，语言多辅排渲染，艺术比较粗糙，但对后来的白话小说、讲唱文学有较大的影响。

四、词 的 兴 起

词来源于民间，原是用以配乐的歌词，其产生和发展与音乐有着密切的关系。词的兴起可以追溯到隋代，如著名的词牌《河传》《柳枝》就是隋代的民歌。它在形式上有几个突出的特点：一是每首词都有词牌名，是用来规定这首词的音律的。二是一般词都分为上、下两“阙”。第三，句式长短不一。人们根据词句式上这个特点，又把词称之为“长短句”。清光绪年间在甘肃敦煌的一个石窟里发现了一批曲子词，这些敦煌曲子词是现存最早的唐代民间词。

词的兴起跟社会、音乐、文学三方面都有密切的关系，唐代商业经济的发展，使得市民阶层扩大并需要艺术活动，于是燕乐在民间广泛流行。在歌楼妓馆大量出现的情况下，有了配合“胡夷里巷”歌曲的曲子词。现存敦煌曲子词，多数是中晚唐时代歌妓们传唱的民间词。其初仅以五言、七言诗勉强和乐，接着就有乐工、伶人按乐谱的节拍试制长短句的曲子词。中唐以后的文人词就是在民间词的基础上，吸取和运用了它们的成就而逐渐发展起来的。

晚唐五代时期，由于社会衰败，官僚士大夫间流行着末世的颓唐享乐之风。有更多的文人用更大的精力投入文人词的创作中，对这一新的韵文体裁的发展起了重大作用。这期间，西蜀和南唐两处成了词的创作中心。

晚唐五代时期，以西蜀为创作中心，以温庭筠、韦庄为代表，并集合了皇甫松，欧阳炯等十八人的五百首词作，经赵崇祚遴选后，编入《花间集》中，后人称他们为“花间词派”。“花间词派”词人大多是纨绔子弟，于郁闷空虚之中吟唱风月，因此他们的作品大多是描写女子生活和男女相思情事等，以柔媚婉丽为主要艺术风格。在题材、艺术境界上文学价值不大，但由于突出发展了词作为音乐文学的一系列特征，因而在艺术表现水平上却有了很大提高。

温庭筠的词在内容上主要抒写妇女的相思离情，抒情深隐细致，形成一种独特的风格，开启了文人词的传统，对五代乃至后来词坛产生较大影响，人称“花间鼻祖”。

西蜀花间词人中，成就最高的是韦庄。他的诗歌接近白居易，语言流畅平易，而不太使用艳丽的色彩。长于在描述对象心理、情感的过程中直接呈露意旨，最有名的《菩萨蛮》：“人人尽说江南好，游人只合江南老。春水碧于天，画船听雨眠。垆边人似月，皓腕凝霜雪。未老莫还乡，还乡须断肠。”全词无一句不明晰，在对江南美景的沉醉中写出人生的惆怅。全词没有艳丽的色彩，没有绵密朦胧的意象，也没有断续跳跃的层次，而是色彩清淡、结构疏朗、意脉流畅。这就是韦庄与其他西蜀花间词人的不同之处。

南唐词人中以冯延巳和后主李煜最为出色。冯延巳当过南唐的宰相。他的词以写恋情为主，也写一些离愁别恨和个人感伤，但在语言的运用和表现方法上，与花间词人不同。冯延巳比较注重心理体验，善于用清新的语言，通过自然意象与心理变化的表现来抒情。如《归自谣》：“寒山碧，江上何人吹玉笛，扁舟远送潇湘客。芦花千里霜月白，伤行色，来朝便是江山隔。”全词以白、青为主要色调，勾勒出一幅江上送客图。山碧水清，芦花含霜，月色皎洁，没有花间词人的金碧艳红色彩，却正与别离时的愁苦心境相应；末句从送客拓开一层，遥想到明天将远隔万水千山，更令人平添惆怅。

李煜（937—978）即李后主，是五代最有成就的词人，也是中国词史上一流的大家。他洞晓音律，工书善画，尤擅作词。后主前期作品风格绮丽柔靡，还不脱“花间”习气。代表李煜最高成就的是他的后期词，主要是写亡国的愁苦、悔恨和绝望。如《相见欢》：“林花谢了春红，太匆匆，无奈朝来寒雨晚来风。胭脂泪，留人醉，几时重？自是人生长恨水长东。”上阕虽写景，但这大自然的岁华变迁无一不是抒写人生的岁华变迁，朝雨晚风苦苦相逼，摧残着春意，也消磨人的青春；下阕写人，而人也与自然一样，在风风雨雨中韶华消尽，所以末句说“人生长恨水长东”。没有语词上过分的雕琢，完全是直率地倾吐情怀。

写情的词很忌讳过分艳丽的辞藻与过分密集的意象。李煜的词在这一点上把握得极好，他多采用白描手法，自然流畅地表达某种情思，如著名的《虞美人》：“春花秋月何时了，往事知多少？小楼昨夜又东风，故国不堪回首月明中。雕栏玉砌应犹在，只是朱颜改。问君能有几多愁，恰似一江春水向东流。”语言是清晰的，意境是深沉的，它不依靠外在的描摹来烘托气氛，而是以自己的心境去观看事物、想象事物，使一切都笼罩在他的故国之思中。

李煜以一首首泣尽己血的绝唱，成为千古词坛的“南面王”。这些后期词作，凄凉悲壮，意境深远，已为苏轼、辛弃疾所谓的“豪放”派打下了基础。至于其语句的清丽、音韵的和谐，更是空前绝后。

五、绘　　画

中国隋唐时代的绘画艺术随着社会经济文化的繁荣，在题材、内容和表现手法等方面，均取得了高度的成就，成为中国绘画史上的高峰之一。

人物画。人物画在隋唐仍占主要地位。其中佛教画既继承了汉魏传统，又融合西域等外来绘画成就，艺术上发展得更为成熟。吴道子一生在京洛画寺观壁画三百余间，人物千姿百态，无有同者；善用遒劲奔放、变化丰富的“莼菜条”线描高低深斜卷折飘带之势，并于焦墨痕中略施微染，取得天衣飞扬、满壁风动的效果，世称为“吴装”。

当时的统治者还颇注意用绘画为其巩固政权服务，歌颂王朝的威德、表彰功臣勋将及一些重大的政治事件。阎立本贞观十七年（643 年）画的《凌烟阁功臣图》，更是为表彰功臣勋将而进行的重要创造。阎立本的哥哥阎立德的《文成公主降蕃图》及现存阎立本的《步辇图》，更直接描绘了唐蕃盟好、文成公主入藏的重大历史事件。

山水画。在隋唐时期发展成为一门独立的画种，摆脱了魏晋南北朝时“水不容泛”，“人大于山”的稚拙状态而趋于成熟。隋及唐代前期的山水画中多以青绿赋色，纤丽而富有装饰性。然而山水画的显著提高是在盛唐以后。李思训、李昭道父子的青绿山水臻丽而富有情趣，被后人奉为典范。诗人王维也以山水画著称于当代，他的“破墨山水”尤为后人称道。唐代山水画多表现全景式的大山大水和松石平远，创造并发展了青绿、破墨等表现手法，形成了多种风格，反映了贵族士大夫的不同阶层的思想情趣。

花鸟画。花鸟画在隋唐时代也已成为独立画种并有了明显的进步，多流行于宫廷及上流社会，用以装饰环境及满足精神欣赏需要。今存新疆吐鲁番阿斯塔那墓壁画的六扇花鸟屏风，每幅都画水禽及花卉，天上还点缀飞鸟，具有较强的装饰性，是研究唐代花鸟画极为宝贵的资料。正是唐代花鸟画技巧上的不断探索和提高，才为五代两宋花鸟画的发展和繁荣创造了条件。

壁画。壁画艺术在隋唐时达到极盛。当时宫殿、厅堂、石窟、墓室都有壁画装饰。近数十年考古发掘中，发现了大量唐代壁画墓，其中以分布于西安附近的唐代皇族墓室壁画最为精美。壁画依墓道、天井、甬道、墓室等不同位置设计绘制，内容包括出行、仪卫、乐舞等。线条或严谨劲简，或洒落而有气概，用色绚丽灿烂，显示了初、盛唐时期的绘画水平。

隋唐时期宗教壁画创作出现高潮，遍布各地的大量寺观中皆有壁画。唐代寺观壁画气势恢宏，色彩灿烂，题材上一反南北朝流行的宣扬以牺牲及苦修为内容的本生故事，而大量盛行歌颂天国的美好和欢乐的经变画，神佛形象具有人的气质，甚至以贵族的姬妾歌伎为模特。以上种种迹象清楚地显示了宗教壁画中有明显的世俗化倾向。

敦煌莫高窟壁画至唐代达到繁盛的顶点，现存唐窟二百多个，几乎占现存全部石窟的半数，其壁画规模之宏伟、内容之丰富、造型之准确、色彩之灿烂，非其他时代所能比拟。大幅的经变画，以巨大的场景画出楼台殿阁、七宝莲池、歌舞伎乐的一切美好的景物，还有行旅、嫁娶、农耕、收获等大量生活场景，是唐代繁荣富庶的社会经济的曲折反映。飞天凌空飞舞，尤具有浪漫主义色彩。大量画迹的保留，为研究唐代绘画及社会历史提供了极为丰富的资料。

五代虽仅有短暂的五十三年，绘画也出现了新的机运，具有明显的地方色彩和时代特征。地处边远的敦煌，在曹义金家族的比较稳定的统治之下，莫高窟的壁画绘制仍在持续进行，并显示出一定的起色。西蜀和南唐，经济繁荣，政局相对稳定，加之统治者对绘画的重视，使这两个地区的绘画大放异彩，一时画手辈出。

绘画界的对外交流。长安等地即有边疆民族及国外的画师从事艺术活动。丰富的中国绘画吸引着周围各国，不少外国使臣、商人、学者、僧侣搜求中国绘画作品携带回国。鉴真和尚及其随行弟子东渡日本，在弘扬佛教的同时，对日本宗教雕塑和绘画也做出了一定贡献。唐代与中亚文化联系密切，杜环《经行记》中曾记载他流落中亚，在大食王国见到汉人画匠樊淑等人。唐代绘画在传统基础上大胆吸收西域画风。于阗画家尉迟乙僧长期居留长安，他善画外国人物及佛像，“用色沉着，堆起绢素”，勾线“小则用笔紧劲如屈铁盘丝，大则洒落而有气概”。

六、雕　塑

1. 雕塑

南北朝之时，中国雕刻因佛教流行而大盛，其作风亦深受印度雕刻之影响。云冈龙门诸刻庄严雄伟，且极生动。唐时石刻图像似未能超越南北朝，而塑像之风大行。

唐三彩。“唐三彩”是一种盛行于唐代的陶器，以黄、褐、绿为基本釉色。它是一种低温釉陶器，在色釉中加入不同的金属氧化物，经过焙烧，便形成浅黄、赭黄、浅绿、深绿、天蓝、褐红、茄紫等多种色彩，但多以黄、褐、绿三色为主。唐三彩的色釉有浓淡变化、互相浸润、斑驳淋漓的效果，在色彩的相互辉映中，显出堂皇富丽的艺术魅力。

唐三彩器物形体圆润、饱满，与唐代艺术的丰满、健美、阔硕的特征是一致的。它的种类繁多，主要有人物、动物和日常生活用具。三彩人物和动物的比例适度，形态自然，线条流畅，生动活泼。在人物俑中，武士肌肉发达，怒目圆睁，剑拔弩张；女俑则高髻广袖，亭亭玉立，悠然娴雅，十分丰满。动物以马和骆驼为多。

唐三彩是唐代陶器中的精华，在初唐、盛唐时达到高峰。安史之乱以后，随着唐王朝的逐步衰弱，由于瓷器的迅速发展，三彩器制作逐步衰退。后来又产生了“辽三彩”“金三彩”，但在数量、质量以及艺术性方面，都远不及唐三彩。

2. 石窟

龙门石窟。龙门石窟位于河南省洛阳市城南十三千米处，这里伊水中流，香山与龙门两山对峙。经门石窟密布于伊水两岸的崖壁上，南北长达一千米。龙门石窟开凿于北魏迁都洛阳（494 年）前后，其中北魏和唐代大规模营造达一百五十多年，北宋以后虽也有雕凿，但为数甚少。现存窟龛二千一百多个，佛塔四十余座，碑刻题记三千六百块左右，全山造像十万余尊。

四川大足石窟。重庆大足县境内，有唐宋以来石刻造像一百余处、六万余尊，总称“大足石刻”。其中以北山、宝顶山摩崖造像规模最大、最集中、最为壮观。北山摩崖造像创于晚唐，历经五代、两宋，雕刻诸佛、菩萨等，造像近万尊，以精美典雅著称于世。唐代人物形象端庄丰满，气质浑厚；五代雕塑精巧玲珑，神情潇洒，刻工精湛，人神合璧，颇具民族审美情趣。宝顶山摩崖造像是我国唯一现存的石雕佛教密宗道场。

艺术宝库莫高窟。敦煌莫高窟有一千多个洞窟，所以又名千佛洞，现存有壁画和塑像的洞窟四百九十二个。它位于甘肃敦煌城东南二十五千米的鸣沙山崖壁上。这里是古代通往西域的河西走廊的西端，由此向西南是阳关，向西北是玉门关。它是通往西域的咽喉之地，是当时文化交流的枢纽。敦煌莫高窟的洞窟中，隋唐时期开凿的占了十分之六七。它是世界上现存最大的艺术宝库之一，其艺术成就主要在于彩塑和壁画。彩塑是在传统的泥塑上加以彩绘，塑造的形象主要是神态各异的佛像。壁画除了宗教人物故事外，还涉及现实生活中的人物。

七、书法与乐舞

1. 书法

唐朝书法艺术成就很大的重要原因有两点：一是在中央官学中设有专门的书学一科，教师称“书学博士”，也配有助教；科举有书科，学成后可通过考试获得职位。二是已经考取的进士，还要经吏部考核书法，方能任官。加上唐朝历代君主都很喜欢书法，所以唐代有许多不出名或佚名的书法家，大量敦煌抄写的经卷和出土碑文，就是明证。正是这些无名书法家映衬出唐代书法艺术的光辉。

隋唐书法家汇合了碑版体的方严遒劲的风骨和书简体疏放妍妙的气韵，创造出新的风格。欧阳询的代表作《九成宫醴泉铭》和虞世南的《孔子庙堂碑》，都因楷书写得极好而得到当时人的推崇。褚遂良综合各家所长，又少许参入隶书的笔法，别具一格，他的代表作是《大唐三藏圣教序》。

唐朝中期的书法家有贺知章、张旭、颜真卿和怀素等。贺、张长于草书，张旭常在酒后作书，史言“旭善草书而好酒，每醉后号呼狂走，索笔挥洒，变化无穷，若有神助，时人号为张颠”。

盛唐的颜真卿把篆书的中锋和隶书的侧锋结合起来，运用到楷书上，使书法起了很大的变化。他的书法气势雄浑，形体敦厚。他的传世作品也很多，比较著名的有《颜氏家庙碑》《麻姑仙坛记》《多宝塔碑》等。

柳公权的书法与颜真卿齐名。他吸取了欧阳询和颜真卿两家的优点，以楷书见长，写的字严谨而又开阔疏朗，代表作有《李晟碑》《玄秘塔碑》等。

2. 乐舞

隋文帝时曾设七部乐，分为国伎、清商伎、高丽伎、天竺伎、安国伎、龟兹伎和文康伎；隋炀帝时改设为九部乐，分为清乐、西凉、龟兹、天竺、康国、疏勒、安国、高丽与礼毕。九部乐中唯清乐是汉以来的旧曲。唐高祖仍沿用九部，640 年始制燕乐，为诸乐之首，同时平定高昌，尽收其国音乐，合为十部，废去礼毕，每部均配舞者。燕乐和清乐是汉族的传统音乐；西凉乐是十六国时期在凉州一带形成的，它融合了中原旧乐和龟兹乐，乐器有中原的笙、箫、磬、钟，南方的法螺和西域的横笛等。龟兹乐传入内地后，其声也多有变化，十五种乐器中有六种是鼓。周隋以来，管弦杂曲多用西凉乐，歌舞曲多用龟兹乐。唐高宗以后，艺术家根据民族传统，吸取边疆民族和邻近国家乐舞的精华，创作了许多反映当时社会生活的新乐舞，逐渐形成了坐、立二部伎，十部乐随之消亡。坐部伎的舞队规模较小，在三至十二人之间，乐队在堂上坐着演奏。立部伎的舞队规模则很大，有六十至一百八十人，乐队站着演奏，有八种曲、舞，除庆善乐独用西凉乐器演奏外，其余都使用龟兹乐器并擂大鼓演奏。

唐代的乐曲长的叫“大曲”，较短的称为“杂曲”。五、七言诗都可以配在乐曲里，供人传唱。唐代的大曲都是舞曲，每曲分十二段，结构很复杂。新发展起来的词就是依照乐曲的节拍而填制的。

当时的音乐家，隋朝以万宝常最为杰出，他写有《乐谱》六十四卷，发现了“八音旋相为宫之法”。唐朝音乐家有祖孝孙、王长通等人，唐初乐律主要是由祖孝孙所制。

唐玄宗也可以算是一位音乐家，他善击羯鼓，长于作曲。唐玄宗曾挑选坐部伎子弟和宫女数百人在梨园教习乐曲，称“皇帝梨园弟子”，声有误者，随即发觉而加以纠正。后世从戏之人都自称为“梨园子弟”。当时有曹家三代皆善琵琶，李龟年、李暮均为吹笛能手。杜甫曾写诗赠予李龟年：“岐王府里寻常见，崔九堂前几度闻，正是江南好风景，落花时节又逢君。”反映了当时音乐的发达和受重视程度。

隋唐时期西域舞蹈也传入了内地，舞蹈多用乐器奏乐相配，所以隋唐盛行乐舞。主要分为健舞和软舞两种。健舞有剑舞、胡旋、胡腾等；软舞分为乌夜啼、凉州、回波乐等。

第六章 风 俗

风俗是在传承的基础上随着人事的变迁而逐渐演进的。今先分区略述唐前各地风俗及总势，以明源流及大势。而后再分节详述隋唐五代时期百姓的衣食住行、婚丧嫁娶、节日习俗、文娱活动等，以见全貌。

关中地区。物产丰富，如鄠县（今陕西户县）、杜曲（今陕西长安）的竹林，南山（今秦岭）的檀柘等等，号称“陆海”（地处高陆而物产丰饶，如海之无所不出）。被山带河，四周都有关塞，易守难攻。秦国靠它，统一全国。汉初迁徙齐国的大族田氏，楚国的昭、屈、景三族及燕、赵、韩、魏的王族之后代和各地其他的名家、豪族于关中。此后，每葬一帝，必迁富户立新县。所以五方之民错杂相处，风俗各异。因而汉都长安和三辅地区，号称“难治”。

陕西千阳以西，甘肃泾川以北因接近少数民族（胡戎），百姓多崇尚武力。自东汉魏晋，关中屡遭羌氐二族的干扰。东晋穆帝永和七年（351 年）氐族首领苻健占领关中，都长安，国名前秦（350—394）。三十三年后，羌族首领姚苌建立后秦（384—417），取代了关中的统治。接着五凉前后战乱。北魏统一不久，又复分裂。前后争战三百多年，到隋唐统一。虽然首都长安殷实丰盛，而其余郡县累经丧乱，元气未复，习俗如旧。

巴蜀地区。西周初随武王征商，春秋时为楚国的附庸，战国属秦。西汉景帝时文翁任蜀郡太守，着意文教：一面派小吏到长安，就学于博士，一面在成都设立学校，学生免除徭役，成绩优秀的可任郡县吏。此后，蜀地学者可与齐、鲁相比美。由于土地肥沃，年年丰收，百姓因富庶而崇尚文化。群山重复，四塞险固，每当中央政权缺弱之际，这里首先独立割据。

荆豫地区。荆山、黄河之间，四方会集。所以洛阳地区百姓善于经商。东汉、魏、晋都以洛阳为首都，永嘉以后，战争不息。北魏迁都洛阳仅三十余年，又分裂成西魏、东魏，继之北周、北齐，于是黄河、洛水、汝水、颍水等地域屡有战事。为便利全国各地输漕粮、通政令、利交往，则洛阳地处中心，适合建都。到唐朝仍依靠此一地区控制东方。

山西、河北地区。地处太行山与黄河之间，自古为重要镇守之处，所以地方首长若非文武双全者，不能胜任。

大致上，太行山以东的人，性格平缓、尊重儒学，好侠仗义。知识分子崇尚经学，恪守礼法。但以今河南安阳市为中心的地区因曾为高齐国都，所以风俗浮华，人善投机钻营；有其特殊性。太行山以西土地贫瘠，风俗勤俭。但晋西南自魏晋以后，经学盛兴，连平民百姓也熟知封建礼教的章程，此为风俗特异之处。而今山西太原市以北的晋北地区，则因靠近少数民族狄人，所以民俗崇武轻文。

唐中叶以后，河北为各异族所聚集，加上安史以后河北三镇长期割据，社会相当胡化，以至妇女、小孩对拉弓射箭都很熟练。

鲁南、苏北、皖北地区。是五胡乱华以后变迁最大的地区。以今山东曲阜为中心的鲁西南，原是孔、孟的家乡，汉朝还有儒家作风。但五胡乱华后，南北分立，此地区有时属南，有时属北，因此深受伤害。徐州地区自古为兵家必争。作为南方政权的屏藩，经常有重兵捍守。敌对双方争战不息，以致数百年中，无人学习儒家经典、研求儒家礼乐。

淮河流域民俗劲悍，如杨行密依靠它抗击北方的孙儒、朱全忠。

扬州（今江西九江以东的长江以南和安徽淮南）地区。人性轻扬，崇尚鬼神，喜好祭祀。因地处江淮海边，不是形势要地，当国家分裂时，不会首先成为被争夺的对象，所以自三国以后，南方政权每因偏安而获得经济、文化的迅速发展。然而毕竟长淮、大江，都可以把守拒敌。福建、广东远而偏僻，加上重山叠岭、负临大海，不易驯化。所以永嘉之乱，东晋南迁，世族、士绅避难，多汇集于江南。南迁艺文儒术之士，都是家学渊源，代代相传。文艺之士的代表人物前有颜延之（384—456）、谢灵运（385—433），后有徐陵（507—583）、庾信（513—581）。颜延之的诗藻绘极美。谢灵运是文学史上山水诗的开山祖。徐陵、庾信的诗赋、骈文，轻靡绮艳，为宫廷文学代表，时称“徐庾体”。庾信晚年作品受到杜甫的推崇。在他们数百年的扇薰中，江南吟诗咏歌之风大盛。以致唐代虽平头百姓甚至靠劳力谋生的人，都喜欢吟诗咏歌。然因爱文辞、流于浮薄而武力不强。南唐就因退居江左，沉溺于宴安而始终国力软弱不振。

荆州（以今湖北江陵为中心的湖南湖北）地区。荆楚风俗，与扬州大同；小异之处在于多种少数民族（统称蛮族）与汉族错杂居处，以致民风比扬州劲悍得多。再者地势险要，为重要镇守之区。又兵强财富，故举兵割据，代代都有。

岭南地区。少数民族（俚、僮等）与汉人杂居。不讲儒家教义，谁有钱谁是老大。豪富兼并，奴役贫弱，公开俘掠，民性轻悍，很容易发生动乱。隋唐时，部落力量还很强盛，政府力量相对微弱。所以多委派德行持重的老臣，进行安抚绥宁。但唐代此地发展相当迅速，是因海外商船想要靠近岭北，渐自交州（治今越南河内）移于广州（今广州）的缘故。

云南地邻印度、缅甸，受其启发演进很快，所以建都蒙舍城（今云南巍山彝族回族自治县）的大蒙政权能与唐朝抗衡。贵州、广西因为最闭塞而甚少变迁。

隋唐的最大变迁是长江流域的财力及其文物，超过了黄河流域。如天宝之乱后，唐室恃江、淮财赋为命脉；五代时期，金陵（今江苏南京）的礼乐、典章制度，远远超过了汴（今河南开封）、洛（今河南洛阳）。

隋唐文辞日盛，经学日微，浮薄成风，礼法凋敝。如宪宗元和十五年（820 年），给事中丁公著说：自天宝以来，公卿大夫，争逐游宴，日夜沈醉，男女混杂，闹舞喧哗，处之泰然，如此下去，则百职不举。

一、饮　食

隋唐的饮食比前代更加丰富多彩，首先是对不同燃料与烹饪的关系有了更深的理解。隋朝王劭曾写道："温酒及炙肉用石炭、柴火、竹火、草火、麻荄火，气味各不同。"从理论上总结出了烹调的基本准则。其次，烹饪的原料越来越丰富，原先弃而不食的各种牲畜禽类的"下水"也成了美味佳肴。另外还增加了从境外引入的蔗糖以及胡椒等调料，其中胡椒在唐代最为流行。

主食与副食。这一时期的主食分为饼、饭、粥、糕等数种。饼的种类繁多，它不仅包括现在的饼类食品，还包括了馒头、包子、面条类食品，较具特色的有胡饼、胡麻饼、汤饼等。1969 年在吐鲁番发掘的唐代墓葬中，出土了一枚直径 19.5 厘米，类似今新疆地区流行的一种叫素馕的食品，那就是唐代胡饼的实物。而我们今天爱吃的芝麻烧饼就是由胡麻饼演化而来的，白居易还曾为它赋诗“胡麻饼样学京都，面脆油香新出炉”。汤饼其实就是面条，夏天吃的叫“冷淘”，也就是凉面。

根据饭的原料可分为以下几类：粟米饭（黄米饭）、稻米饭、麦饭（荞麦饭、大麦饭）和雕胡饭等。北方多吃粟米饭，南方爱食稻米饭，而菰米做的雕胡饭则是文人墨客的最爱。粥的原料与饭差不多，上至皇室贵族，下到黎民百姓，没有不爱吃的。粥的名目也很多，有胡麻粥、地黄粥、云母粥、杏酥粥和茶粥等。

糕就算是比较精细的点心类食品了，在唐朝韦巨源的《烧尾宴食单》中，就记载有七返膏（糕）、水晶龙凤糕（即糯米枣粥）、玉露团（酥糕）等数种糕类点心。同样在吐鲁番的唐代墓葬中发掘出土了许多精美的花式点心，为我们认识唐代点心提供了实物资料。

这一时期的烹调方法仍以蒸、煮、烙、烧、煎、炸、烤为主，很少使用或尚未出现汆、扒、酿、贴等方法。而蔬菜和花式菜肴却有了新的发展，“豆腐”一词也正式出现在史籍中，说明了它的普及。至于水果，则与前代大致相同，最名贵的还属樱桃和荔枝。荔枝是因杨贵妃喜爱而占尽风流，樱桃则以樱桃宴而闻名。

品茶与饮酒。在隋唐人的生活中，品茶与饮酒占有重要地位，茶在这一时期才普及到中国北部，并逐渐形成为一种艺术；而饮酒则与诗人千古流芳的吟唱结为一体，成为这一时代饮食生活中的一个突出的特征。

唐德宗时出现了世界上第一部茶叶专著，即陆羽的《茶经》。在书中，陆羽根据自己的见闻，将天下茶叶分成五个等级，并对煎茶的方法做了科学概括和总结。陆羽提倡的煎茶法能更多地保留茶叶的真味，因而受到社会欢迎并由此形成了初步的品饮艺术。到了唐朝中后期，饮茶已非常普及，茶叶成为与米盐同样重要的食品。但是真正嗜茶，并将其作为畅心怡情的艺术来欣赏的，还是那些有闲阶层，特别是僧侣和文人。此外更重要的，饮茶本身也被看成是一种高雅的饮食活动和待客交友的手段。还需特别提出：唐代已出现“茶道”一词，这种以品茶技艺和陶冶情操相结合的艺术，不仅对后世，而且对国外都产生了十分深远的影响。

这一时期酒的种类又有一些新的发展，除传统的黄酒、果酒外，还从波斯引进了些外国酒。当时饮酒讲究温热了喝，到寒冷的冬天，更要喝烫沸了的酒。另外酒的味道大都很甜，杜甫和韩愈均喜欢喝甜酒。韩愈在《芍药歌》中写道“一尊春酒甘若饴，丈人此乐无人知。花前醉倒歌者谁，楚狂小子韩退之”，把自己饮甜酒、赏芍药、醉倒花前的情景生动地展现在我们面前。此外喝酒时还有一些助兴的活动，比如吟诗唱曲、击鼓观舞、行令狎妓。饮酒的场所除了公堂和家中，还有许多人喜欢去酒肆中痛饮一番。饶有趣味的是，长安的酒肆中，有些老板娘和女招待是少数民族和外国的姑娘。有李白诗词佐证：“何处可为别，长安青绮门。胡姬招素手，延客醉金樽”，这首诗将一幅颇具时代特色的生活画面描绘得惟妙惟肖，让人顿起身临其境之感。在炎热的夏天或寒冷的冬天，那些忙着赶路的人们能在路边随处买到酒浆解渴。都市中，夜晚出外散步的人也可以在市场上随意喝到美酒，每当晚市结束，醉倒当场的男男女女多达二三十人。这些都说明当时的酒的度数较低并具有甜味，使它既具有刺激性，又有很好的解渴功能。

二、服　饰

隋唐的服饰在中国古代服饰中起着承前启后的作用，它将服饰固定下来，形成法令制度，影响直至宋代并延至明朝。

男服。隋唐的男子服饰从大的方面可分为两部分，即礼服和便服。礼服亦称“冠服”，包括朝服、公服、祭服等，主要是高冠革履、褒衣博带。冠服一般是皇室和官员们在正式场合中所穿戴的，这里主要介绍常服。

便服即常服，是由幞头、袍衫、靴带组成。受传统礼仪影响，当时反映在律令上的主要是冠服制度，但常服也逐渐在令式中占有了一定地位。幞头是当时用来固定发型的，最初直接裹在发髻上，看上去比较低平。后来出现一种叫“巾子”的东西，将它罩在发髻上，外面再裹上绢罗之类的幞头，就能裹出各种样式，外观也变得直立起来。这一时期的帽子种类繁多，流行时间较长的是席帽。席帽本是西北少数民族的服饰，以藤织成，有帽檐，四周下垂丝网以遮尘土。女子戴者称“帏帽”，男子则将网去掉，称作“席帽”。袍衫是男子最常穿的衣服，都是圆领并长过膝盖。衫是春夏穿的，袍是冬天穿的。衫中有一种叫“汗衫”，是贴身穿的衣服，相对较短。袄子也是冬天穿的，袄比袍短，在武官和士兵中较为流行。还有一种特有的男子服饰叫“半臂”，大约是从西北传入中原的。半臂的形状类似今天的坎肩，但比坎肩多一双袖子，主要穿在内衣之上外衣之下，实质起到了垫肩的作用，使男子显得肩宽而更加威武。

靴是男子常穿之物，比较流行的是六合靴，是由七块皮子拼制而成，看上去有六条缝，所以叫作六合靴。靴上有带可系，靴口较宽，可以藏短刀或书信。

女服。隋唐妇女的服装也可分为礼服和便服，礼服是特指那些有官品的贵妇人在参加典礼时所着的服饰，而便服则是平时所穿的衣服，普通百姓的服饰也可归入便服的范畴。便服主要由衫（襦）、裙、帔组成。衫、襦都是短上衣，窄袖，掖在裙腰内，后来变得逐渐宽大。一般的衫子用布做，好的则用罗，上有金银线；襦多绣有各种花样。

这一阶段妇女的裙子总的来说比较长，并时兴将裙腰系在胸上，使裙子显得更长。颜色以红、黄、绿居多，红裙即石榴裙，常为诗人所歌咏，而黄裙据说是杨贵妃最爱穿的。

帔是搭在肩背上的长帛巾，由西域传入内地，材料有绫、帛、丝、罗等，颜色也以红、黄、绿为主。不同颜色的帔与衫、裙相搭配，构成了五彩缤纷的服装。

这一时期的装饰分为头饰和面饰。头发的装饰又分两种：一种是插些钗簪之类，男子比较简单，女子相对繁缛，有插梳子的，也有插金钗、搔头和步摇的。另一种是插花，俗称“头花”，主要以红花和白花为主。面饰除了涂抹胭脂外，当时的男子也有施粉的，武则天时的张易之兄弟就经常“敷朱粉，衣锦绣”。

额黄就是在额上涂黄粉，可能是某种植物，或者使用金粉。画眉是妇女面饰中很重要的一部分，当时人们常以它作为化妆的代名词，“妆罢低声问夫婿，画眉深浅入时无?”就很形象地反映了这一点。眉样繁多，有小山眉、垂珠眉、分梢眉等，更有甚者，将眉毛刮去，用红紫色涂画，看上去血肉模糊，号称“血晕妆”。但大量的还是蛾眉（阔眉）和柳眉（细长眉）两种。另外还有点唇、花子（将各种花样贴在眉心）等。

隋唐服饰的突出特点是等级性和交融性。等级性主要指用服饰来标示人的等级，赭黄是皇帝的专用服色，五品以上官员及皇亲贵族主要穿绯、紫两色，一般官吏着绿、青袍衫。从白居易的诗句“江州司马青衫湿”，就可判定他当时的官衔不到正五品。平民百姓则穿白衣为多。由于天下一统，南北交流和中外交流都非常频繁，因而在服饰上相互交融，各取所长，使得这一时期的服饰显得丰富多彩。

三、家　　居

隋唐的住宅虽有等级的不同，但除了贫苦百姓的住宅，其基本格局都差不多，即采用有明显中轴线和左右对称的平面布局。

大门外设有门屏，高约八尺，起着遮挡的作用。门屏过后是大门，大户人家一般将门涂成朱红色，杜甫名句“朱门酒肉臭”就是以朱门代指那些大户。进大门后又有中门，中门外设有门馆，供客人小憩。进入中门一般是个庭院，穿过厅院，就到了住宅的中心——厅堂。厅堂的主体是中堂，它既是宴请客人的场所，也是住宅的门面，看一户人家是否富贵，就看他家的中堂修得如何。中堂之后就是一家人居住的卧室，堂屋左右是厢房，供亲戚和仆人居住，有时也包括厨房。当时人形容豪宅为：“朱门素壁，環廊曲阁，中堂高会。”

这一时期的室内居住生活与前代相似，由于厅堂阔大，需要张设一些遮蔽物以为屏障或挡御风寒，这些张设物主要有帐、幄、帏、屏、帘等。帐、幄基本相同，主要有三种：一种类似现在的帐篷，供外出的军队或出游的人们休息、宴饮和居住；一种是被张设在宫殿或厅堂中，起着保暖和遮蔽的作用；最常见的还是张设在睡床上，叫作“寝帐”。帏的基本含义是“围也”，采用布帛为材料，以围绕为形式，目的是隔断，因而常和屏或障配合使用。

屏风在隋唐室内陈设中占有重要位置。它的主要作用也是遮蔽和挡御风寒，但与帷的制作材料不同，也不能悬挂在楹柱上。屏风一般以木为骨，以纸为画，也有用铜以及玻璃、云母、玉石等材料制成，分连地屏风和床上屏风两种。

帘也是陈设的必备物，主要用于门上，也有用于窗前的。材料有布、帛，也有竹、草，颜色以红绿为主，即所谓“朱帘”“翠帘”。其作用当然也是遮蔽，尤其是妇女会见男客时必须隔着帘子。有段趣闻讲述了唐朝诗人罗隐诗名满天下，但相貌极丑。宰相郑畋的女儿非常仰慕他的诗才，一日忽闻罗隐来府，便偷偷垂帘窥视，看后心惊不已，此后再也不愿吟诵罗隐的诗句了。

家具主要有床榻、几案和橱柜。

床和榻很难区别，都分寝式和坐式两种。有一种榻的用法与床不同，即“土榻”，就是后世北方常见的火炕。寝床比较大，多用木制，也有用柏木、沉香木甚至象牙制作的。坐床有大有小，一般铺有席或茵褥，也有帷帐，有时还设有屏风。有两种特别的坐床叫胡床和绳床，胡床类似今天可折叠的轻便椅子（马扎）；绳床则很像今天的靠背椅，原来仅在寺院使用，后来普及到民间。

几案是类似于后代桌子的平面家具。在席地而坐时，几案都较低矮。不过随着床榻的发展，特别是高坐具的出现，几案也发生了变化。一种是将几案搬到榻上，犹如现在北方农村的炕桌。另一种是加高几案的腿，与今天的桌子相似。

橱、柜形状基本相同，但橱以存放书卷为多，而柜则存放衣物和钱财。

隋唐的家居生活也体现出严格的等级性，并用法律形式固定下来。唐朝的《营缮令》对房屋的规模、装饰的颜色都依照不同等级有明文规定，但贵族权臣并不完全照此执行，他们的住宅极其豪华奢丽。而百姓的住宅也因贫富有很大差别，平民百姓大都住草房茅屋，也有借居寺庙的；奴仆们则住在主人家的马厩中。就地域而言，北方建筑多用土石，南方则用竹木。

四、出　行

道路设施。隋唐的道路以长安、洛阳为中心，向四方辐射。这是政治和经济的需要，中央集权的统治决定了政治统治的中心也是道路的中心。隋朝道路最重要的特点是开凿了大运河，贯通了南北交通；唐朝道路的特点是道路以及馆驿的发达。唐代道路干线总长度约莫不少于六七万里，州郡之间四通八达，而且通往某一地区的道路常有两条或两条以上。由于唐代社会空前开放，所以中央王朝到周边政权或国外的道路也非常发达。道路的两旁栽有树木，最多的是槐树、榆树和柳树，两京道路旁还种有果树。不过隋唐的陆上道路除了宫中有砖道外，其余多为土路，一下雨就成了泥路。好一点的是在路上铺上石子，称作“沙堤”。唐朝规定凡拜相时需从其家中铺一条沙路直到皇宫，以示尊崇。水路主要指自然的江河湖海，当然也少不了人类的杰作。南起余杭、北到涿郡的大运河不仅是贯通中国南北的交通大动脉，也是人类史上的奇迹。到了唐代，为通舟船也开凿了许多河渠，比如广济新渠、天宝河等。隋唐修建的桥梁也非常多，著名的石拱桥有赵州桥，浮桥有黄河上的蒲津桥。采用的材料也多种多样，有石桥、木桥、竹桥、藤桥、绳桥等。

交通工具及馆驿。隋唐的交通工具种类很多，而且对使用的等级有严格的规定。其中车分为礼仪用车和日常用车两种，由于隋朝对战马需求量很大，因而牛车用得普遍。到了唐代，坐牛车的主要是妇女。史书记载杨贵妃姐妹就为她们的牛车装饰上金银珠宝，花费不下数十万贯。骑马出行变得普遍起来，夫妻一起出门，妻子坐车，丈夫骑马相随。驴是比马低一等的出行坐骑，称为“劣乘”，但比较便宜，所以在民众中使用普遍。舟船也是当时很重要的出行工具，若按原料可分为木船、竹船、皮船和竹木筏等，按用途可划分为战船和偏重于运输的粮船、盐船、漕船和饷船以及供游玩的龙凤船、行酒船和彩舫等。

出行者避免不了要在途中休息或做各方面的补充，于是出现了供官方人员以及私人行旅住宿的馆驿和旅店。馆驿简单说就是官方开办的供应出行使者、官员住宿饮食和出行工具的场所。根据《唐六典》记载，每隔 30 里便有一个驿站，共有 1639 所。除中原外，在吐蕃、南诏也都设有驿站。驿站的主要任务是传递军事情报，所以唐前期对驿站的使用非常严格，也非常重视。唐太宗曾将政务交予太子李治处理，但“给驿”的权力却不交给他。只是到了唐后期，藩镇作乱，朝纲荒废，驿站被随意使用，终于不堪重负而衰败。旅店则大部分为私人所经营，除提供床榻外，还有炉子可供取暖，客人也可自己做饭。

五、婚丧嫁娶

隋末唐初，因连年战乱，人口锐减。为恢复社会经济，唐统治者采取了休养生息的政策，鼓励老百姓及时婚嫁，以增殖人口。唐太宗规定男二十、女十五即可婚配，比《周礼》规定的男子三十而娶、女子二十而嫁显然低得多。

“六礼”聘娶。婚礼形式承袭传统的“六礼”，只不过尊卑贫富不同，排场繁简相异。婚姻讲究聘财，贫女难嫁十分显著，在王维的《洛阳女儿行》中就有形象的反映。家富的洛阳女，才十五岁就当了新娘；而对门的越女，虽花容月貌，只因家贫拿不出丰厚的嫁礼，年过二十也未能出阁。还有很多反映贫家女哀怨之情的诗文，例如“寒女命自薄，生来多贱微。家贫人不聘，一身无所归”。

唐人择偶虽讲究门第、钱财，但也有不少以才取人的例子。唐太宗之女丹阳公主刚嫁给大将薛万彻，听别人议论夫婿毫无文采，便觉低人一等，有数月不肯与之同床。李世民知道后，大笑不已，特地在宫中设宴招待所有女婿，席间不断夸赞薛万彻的勇武，并与他同车而返。日后对他更是宠爱有加，因为唐太宗知道薛万彻是难得的将才。

婚礼程式。唐代婚礼多在傍晚举行，内容丰富多彩。

迎亲队伍簇拥着骑马的新郎至新娘家，高声朗诵催妆诗，促使新娘尽快打扮停当，出来乘车去新郎家完婚。转席风俗就是新娘进门脚不能着地，新郎家门前铺上几条色彩斑斓的毡褥。当新娘踏上第二条毡褥，妇女们就将第一条移到最后，直至新娘走进屋里，象征传宗接代，前程似锦。新娘走过转席进门时，要从摆在门口的马鞍上跨过去或坐一下，寓意婚后生活平平安安。然后就是新郎新娘拜堂成亲。拜堂在临时用青布幔搭建的屋里进行，来贺喜的亲朋好友在青庐里饮宴、观赏歌舞。随后依次是躏新妇迹、弄新妇、却扇；次日新娘拜舅姑，执竹器，内盛枣栗，寓意为夫家早生贵子。

厚葬之风。厚葬之风，由来已久。它是帝王及富有者炫耀权力和财富，幻想死后像生前一样奢侈享乐在丧葬上的表现。隋末唐初，由于战乱才平，经济凋敝，所以上下都崇尚节俭。自贞观后期，随着经济的发展，厚葬之风盛行开来。太宗为高祖修献陵，为自己筑昭陵。706 年的永泰公主墓就非常豪华，由墓道、甬道和墓室三部分组成。从墓口到墓室，是一条宽近 4 米、长达 87 米的斜坡形墓道，两侧修有 5 个过洞、6 个天井和 8 个便房。便房内散放着 1354 件唐三彩，壁画和藻井装饰色彩艳丽精美。模仿苍穹的墓室顶上绘有天象图：点点繁星间，横亘一条从东北泻向西南的长长天河。

埋葬形式多种多样，有土葬、火葬、裸葬和层砖造塔葬等。以棺木盛尸埋入土中称土葬，隋唐时期上起帝王贵族，下至平民百姓，死后一般都是择地垒坟而葬。火葬除在少数民族地区流行外，僧尼基本也都实行火葬，火化后，取骨灰建塔。少林寺唐代僧人塔，至今犹存。

隋唐法令还依据尊卑贵贱，对不同阶层的丧葬礼仪有明确规定，这也是封建等级制度的又一体现。

六、节 日 习 俗

唐朝的节日也很能反映当时的社会生活和民情风俗。

元旦。元正（元旦）之日，各级住京官吏都要在凌晨凭借灯烛的照明赶赴早朝，真是“一片彩霞迎曙日，万条红烛动春天”。外地官吏也在此时拜表入贺，边疆各族首领和邻国官员也常入朝共庆新年。民间相聚庆贺，并燃放爆竹以驱邪恶。人日（正月七日）气象一新，唐人盛行剪彩，若恰逢立春，则剪双彩送人，别有一番情趣。

上元节。正月十五为“上元”，这天全国各地都进行放灯活动，极具特色。长安城内华灯与明月交相辉映，几千名宫女和民间彩女手挽手，歌舞联翩。二月一日为“中和节”，这一天，百官进农书，司农献粮种，具有重视农业，以促生产的意味。

社日。社日分春社和秋社，进行社祭，它也是民间的重要节日。一般说来，祭春社是为了祈祷风调雨顺，祭秋社则是欢庆丰收。

寒食、清明。寒食、清明两节相隔只一二天，寒食禁火并扫墓，清明重新生火，但不见有人扫墓，到了宋朝就改为清明节上坟了。在这两节里，唐人外出春游进入旺季，同时盛行各种文体活动。每逢上巳（三月三），长安城内的人都去曲江边游玩，官府也支拨专款，组织庆祝活动。

端午节。唐代的端午节（五月五）也盛行吃粽子和赛龙舟。

七夕。七夕（乞巧节）原是纪念牛郎织女鹊桥相会，由于唐明皇与杨贵妃的恋爱故事，使之更添新意。《长恨歌》云：“七月七日长生殿，夜半无人私语时。在天愿作比翼鸟，在地愿为连理枝”，白居易的这段诗句在当时广为流传。唐代儒、释、道三教盛行，世俗人等和释、道信徒都以七月十五为节日。道家叫“中元”，佛家称“盂兰盆节”，民间俗称“鬼节”。

中秋节。唐人嗜好八月十五中秋赏月，唐玄宗梦游月宫，别成霓裳羽衣曲；白居易则高歌“月好共传唯此夜”。可惜当时人并无口福，月饼直到宋朝才出现。

重阳节。九月九日重阳节赏菊登高，折插茱萸，王维的一句“每逢佳节倍思亲”使得后世的重阳节更添了一分思念的意味。

除夕。唐朝的除夕夜，家家灯火通明，大家围坐在一起，把酒笑谈，守岁直至天明。五代时，西蜀宫廷里开始流行除夕夜在桃符上题写联语，用以表达某种意愿。后蜀皇帝孟昶曾自题联语云：“新年纳余庆，嘉节号长春。”这是我国历史上有记载的最早的春联。

七、文娱活动

百戏。百戏是隋唐上起宫廷、下至民间举行庆典和宴饮不可或缺的助兴娱乐节目。百戏内容丰富，大致分为歌舞戏和杂技两类。歌舞戏种类繁多，当时比较流行的有大面、钵头、踏摇娘和木偶戏等。大面源于北齐，说的是兰陵王高长恭勇武而貌美，为了在战场上威慑敌人，每次出征都戴上狰狞的面具。后人为再现他的英雄事迹，特编制舞曲——《兰陵王入阵曲》传于后世。钵头出自西域，表演者头戴面具，披头持短桴作人兽搏斗状。踏摇娘描写了一个美丽善舞的女人，经常被醉酒而归的丈夫殴打，当她悲哀述说时，每每摇顿身体，自成曼妙舞姿；后被人谱成曲并配以管弦，名为“踏摇娘”。唐朝的木偶戏与今天非常相近，是用绳索在幕下牵动木制傀儡人表演歌舞，并有音乐伴奏。杂技种类很多，有寻橦、绳伎、角抵、幻术等等。绳伎又名“走索”，犹如今走钢丝。原先专为皇家演出，安史之乱后，伶官流散到各地，才在民间流传开来。唐代绳伎艺术水平非常高，表演者穿着木屐倒着走，还能应着鼓点的节奏；两人执剑迎面相刺的那一刹那，却异常轻盈地侧身而过，让观众为之惊叹不已。角抵又称“角力”和“相扑”，是一种摔跤运动，源于秦代，隋唐盛行。因角抵是一种气力较量并有观赏价值的竞技活动，所以在宫中和军队里经常举行比赛，对垒双方除相摔外，还可用拳击打。

斗鸡。斗鸡作为一种娱乐，起源很早。由于极富刺激性，别具魅力，故而唐人爱好斗鸡的热情经久不衰，甚至还有些妇女在枕头上不绣鸳鸯绣斗鸡。斗鸡前先要给鸡冠戴上漂亮的头饰；然后在鸡羽上涂芥粉，用来迷住敌鸡的眼睛并熏之；最后给鸡爪戴上金属套。一场恶斗下来，往往是“飞毛遍绿野，洒血渍芳丛”。唐代皇帝中以唐玄宗最爱斗鸡，他下令建鸡坊，并收集长安雄鸡数千只，选六军小儿五百饲养斗鸡。斗鸡在寒食节最为兴盛，携鸡出游者，“先占斗鸡场”；爱好者则“争场看斗鸡”。

秋千。秋千是隋唐时期妇女、儿童喜爱的体育活动。每当清明前后，妇女们就竞相在庭院里、草地上或树下竖起秋千架，缀上各种彩色丝线制成的彩绳。百花丛中，身着罗绮的姑娘们彼此争强斗胜，直荡到精疲力竭才肯下来；没有荡上秋千的，则愁怨不已。

拔河。唐代上至宫廷，下到民间，均好拔河。民间爱好拔河，除了它简单易行，强身健体外，还因为传说拔河能祈求丰年。

马球。击球又名“马球”，它是盛行于唐宫廷、军中和民间的一种群众性体育活动。球像拳头般大小，表面绘上彩画；球杖为木制，长数尺，杖头犹如弯月。球场平坦，便于策马驰骋和球的滚动。球门为一木板，板心挖一圆洞，后接一网用来盛球，一般为一到两个球门。

蹴鞠。在唐代有了很大发展，由过去“以革皮为之，中实以毛”的实心球，改为充气的球，变得富有弹性。同时还专门设立了球门，“植两修竹，高数丈，络网于上为门”。

围棋。唐人下围棋极其普遍，不分贫富贵贱、白天黑夜，几乎是无处不对弈，甚至有的3尺童子也深解棋艺。唐玄宗与宰相张说观棋，当时有神童之誉的7岁的李泌也在场观棋。玄宗便让张说以棋为题考考李泌。张说命题道“方若棋局，圆若棋子，动若棋生，静若棋死”。李泌当即对答“方若行义，圆若用智，动若骋材，静若得意”。玄宗大悦，赐予锦帛，并命其家人“善视养之”。唐人的棋局不少是刻画在林间或府邸的石头上，随时随地都可以下。唐人下棋有的从清晨直下到掌灯，甚至夜漏欲尽，天汉星残。围棋也是中日友好的纽带，唐宣宗时，日本王子入朝进贡，与顾师言对弈，终不能获胜。王子在国内未逢敌手，来到大唐，难求一胜，认定顾师言为天下第一。后得知他的对手在大唐只排位第三，不禁抚局叹道：“小国之一，不及大国之三。”唐代有不少士大夫深谙棋技且嗜棋如命，甚至为了下棋，险些耽误前程。李远曾被推荐为杭州刺史，但因为他的一句“青山不厌千杯酒，白日惟销一局棋”，惹得唐宣宗十分反感。他认为如此耽于嬉戏的人，管不好一州的政事，最后在宰相令狐绹力荐下才勉强同意。

八、其　他

爱花惜柳与旅游。唐人爱花，尤爱牡丹。唐人赞美杜丹的诗句数不胜数，“唯有牡丹真国色，花开时节动京城”。真切反映了每当阳春三月，牡丹怒放时，长安全城为之发狂的景象。

为表达离情别绪，唐人往往折柳赠别。柳与留谐音，故赠柳有留客之意。又因为柳树易活，插下即生，所以赠柳也寓有随处而安的祝福意味。此外，长长的柳丝在微风中摇曳，犹如向远行的亲友招手致意，依依惜别之情尽在其中。

唐前期经济繁荣，交通便利，旅游在全国蔚然成风。每当春暖花开或硕果累累的清秋，或个人，或结伴，或阖家外出踏青赏秋，远远望去，车马如云，冠盖相望。唐代读书人学业初就，便开始周游名山大川，访师问道，开阔眼界。李白、杜甫等著名诗人能留下如此多的优秀诗篇，与他们长期饱览锦绣河山，从丰富多彩的现实生活中汲取养分与灵感是密不可分的。

社会交往与黥体。唐人拜谒别人，首先投刺。刺又称“名纸”“门启”等，作用与今天的名片相似。主人看到刺后，再决定是否接见来客。黥体是在人体上刻上花纹和字迹，原先是用于辟邪和对罪犯的处罚以做标志。到了唐代，黥体演化为一种爱好。荆州有一个叫葛清的，自脖颈以下，刺满三十余首白居易的诗句，还配以丹青，被人戏称为“白舍人行诗图”。更有街肆恶少凭借黥体吓唬街坊，为非作歹。到了唐后期，一些藩镇军阀为了控制麾下，在士兵脸上或胳膊上刻字，迫使其只能为自己卖命。